ANGELIKA ALITI
Die Sucht, unsterblich zu sein

ANGELIKA ALITI

Die Sucht unsterblich zu sein

Warum der Mensch den Tod
fürchtet und darüber das Leben
versäumt

Kreuz Verlag

Die Deutsche Bibliothek – CIP-Einheitsaufnahme

Aliti, Angelika:
Die Sucht unsterblich zu sein : warum der Mensch den Tod
fürchtet und darüber das Leben versäumt / Angelika Aliti. –
1. Aufl. – Stuttgart : Kreuz-Verl., 1991
    ISBN 3-7831-1113-7

1. Auflage
© 1991 by Dieter Breitsohl AG
Literarische Agentur Zürich
Alle deutschsprachigen Rechte beim
Kreuz Verlag Stuttgart
Umschlaggestaltung: Jürgen Reichert, Stuttgart
Satz: Fotosatz Froitzheim, Bonn
Druck und Bindung: Offizin Andersen Nexö Leipzig GmbH, Leipzig
ISBN 3 7831 1113 7

Inhalt

DANKSAGUNG

Keine Arbeit entsteht jemals ohne das Zutun und die Hilfe anderer Menschen. Obwohl das Schreiben eines Buches eine der einsamsten Tätigkeiten ist, die ich kenne, macht man auch diese Arbeit nicht ganz allein. Da gibt es Informanten, Testleser, Diskussionspartner und geduldige Freunde, die sich monatelang gefallen lassen, daß man nur über dieses eine Thema reden kann. Nicht allen kann ich an dieser Stelle namentlich danken; Telefonbücher sind nicht unterhaltsam. Einige Menschen aber sind beinahe so eng mit diesem Buch verbunden wie ich. Dank an meine Tochter Athena, die mir mit der Lockerheit ihrer Jugend entscheidende Gedankenhilfe gegeben hat, wenn mir der Faden aus der Hand geglitten war. Weiter danke ich meiner mentalen Tochter Beate Riedler, die den ganzen Weg mal staunend, mal erschrocken, mal zweifelnd, aber immer mutig mitgegangen ist. Danken will ich 'auch meinem Freund und Ratgeber Gerhard Langthaler, der so tatkräftig zuhören kann wie kaum ein anderer; ebenso meinem Lebensgefährten Axel Grabmair, der keine Angst vor starken Frauen hat. Ohne viel von meiner Arbeit zu kennen, haben meine Freunde aus meinem geliebten Dorf auf Kreta, die mir meine verlorene griechische Heimat wiedergeschenkt haben, viel durch ihre Lebensart dazu beigetragen. Auch ihnen Dank, und einen Raki auf ein langes, vor allem aber gelebtes Leben. Zuletzt will ich meinen Tieren – Katzen und Hunden – danken, die in all den Jahren mit mir gelebt und mir ihre helfende Freundschaft geschenkt haben. Sie waren meine besten Lehrer. Von ihnen habe ich gelernt, was es heißt, jeden Augenblick voller Lebendigkeit zu leben und würdevoll zu sterben, wenn es an der Zeit ist.

Vorwort

Es ist jetzt einige Jahre her, daß ich den Verstand endlich verloren habe. Schon seit meiner Kindheit hatte ich den ernsten Verdacht, daß mit den »ewigen Wahrheiten«, die mir Eltern, Schule und andere Institutionen zu vermitteln versuchten, etwas nicht stimmt. In meiner Jugend gab es Zeiten tiefster Verzweiflung, wenn mir bewußt wurde, wie grau und langweilig die Welt der Erwachsenen war, und ich wollte nicht damit zufrieden sein, auch grau und langweilig werden zu müssen. Hinter der Fassade von Pflicht und Tüchtigkeit sah ich Bedrückung, Angst und Trostlosigkeit, über die niemals jemand wirklich sprach. Das kann doch nicht alles sein, sagte eine Stimme in mir. So habe ich mein Leben lang gesucht und niemals aufgehört zu fragen: Warum? Ich habe gelernt, zwischen den Zeilen und gegen den Strich zu lesen. Es zeigte sich, daß man um einen Standpunkt herumgehen kann, und jedesmal schaut er aus dieser Perspektive anders aus, je nachdem, wo man sich befindet. Aber immer stieß ich auf die Angst, bis sie mich einholte, weil auch ich nicht entkomme. Ich bin durch sie hindurchgegangen und weiß jetzt: Ich bin eine zukünftige Sterbende. Seitdem hat der Tod seinen Schrecken verloren. Mit dieser Kompetenz habe ich dieses Buch geschrieben.

Ich ging endlich auf die große Reise hinein in das Labyrinth, bis in die finstersten Tiefen meines Inneren, wo ich – oder vielmehr das, was ich für ein Ich gehalten habe – starb. Auf meinem Weg heraus nahm ich die erleichternde Gewißheit mit, daß der Tod nur eine andere Art von Geburt ist und Angst uns wirklich um das Leben bringt. Es vergingen noch einmal einige Jahre, in denen ich wiedergeboren gelebt habe, bis ich soweit gereift war, mich systematisch auf die Suche nach den Zusammenhängen zu machen. Ich entdeckte, daß es zweierlei Arten von Tod gibt, von denen nur der gewaltsam zugefügte verabscheuungswürdig ist, während der natürliche, dem wir zu entgehen versuchen, Teil des Lebens ist, der seinen Schrecken verliert, wenn wir ihn akzeptieren. Mit jedem Kapitel, das entstand – und manchmal war mir, als schriebe sich das Buch selbst –, habe ich weiter gelernt und mich wieder gewandelt. Ich hoffe, daß es auch den Lesern auf ihrem Weg zu sich selbst ein Stück weiterhilft.

Wien, im Februar 1991 *Angelika Aliti*

1. KAPITEL

Niemand entkommt

Unserer Sterblichkeit werden wir uns bewußt, wenn wir unheilbar erkranken oder im Alter dem Ende unseres Lebens entgegengehen. Alles, was es über das Thema Tod und Sterben zu lesen gibt, richtet sich an diesen Personenkreis und dessen Angehörige. Die allgemeine Öffentlichkeit meidet dieses Thema und gibt, wenn sie konfrontiert wird, einen Bodensatz von Unbehagen und Unsicherheit zu erkennen. Wir sind aber alle Betroffene, Todeskandidaten. Wir mögen einander zwar Unsterblichkeit vortäuschen, indem wir den Tod aus unserem täglichen Erleben hinausgedrängt haben, aber wir entkommen unserem Tod nicht. Dies ist der Weg des Menschen, es gibt keinen anderen.

Abgewandt vom Tod, klammern wir uns an das Leben und haben ihn zum Gegensatz und dessen Feind erklärt. Verkrampft in diese bittere Umarmung, sind wir uns mittlerweile des Schicksals nicht mehr bewußt, das unser harrt und das wir nicht annehmen wollen: daß am Ende jeden Lebens das Sterben steht. Eine Hinwendung zum Tod erscheint uns widernatürlich und grausam. Damit einher geht ein Bewußtseinsverlust, der nicht nur für den einzelnen Menschen zu einer Einschränkung seiner Lebens- und Erlebnisfähigkeit führt, sondern der die Menschheit unter Aufwand von immenser Lebensenergie möglicherweise in den Untergang führt. Lieber bringen wir uns und alles Leben auf der Erde um, als daß wir sterben. Wir haben seit rund dreitausend Jahren auf diesem Weg, der uns von der Akzeptierung des Todes hinwegführte, immer wieder auf die falschen Lehrer gehört. Sie alle aufzuzählen und ihnen im einzelnen ihre Todesverachtung nachzuweisen würde den Rahmen dieses Buches überschreiten, aber einige werden als Wegbereiter des Unsterblichkeitswahns genannt werden. Andere Lehrer haben wir gründlich mißverstanden, mißbraucht und mißinterpretiert.

Der Ursprung des Unsterblichkeitswahns liegt in der Welt des weißen Mannes und dem Ort seiner Herkunft: Europa. Der Unsterblichkeitswahn entwickelte sich nicht schlagartig, sondern langsam zu regional unterschiedlichen Zeitpunkten. Er war aber zu der Zeit, die wir als Beginn der europäischen Kultur zu bewundern gelernt haben, bereits ungehemmt ausgebrochen und wird seitdem als Kriterium für geistige Gesundheit und Vernunft betrachtet. Wie es dazu kommen konnte und wie sich der Unsterblichkeitswahn historisch weiterentwickelte, ist in Kapitel 7 und 8 nachzulesen. Dafür, daß der Tod als Bestandteil des Lebens bereits im klassischen Griechenland verleugnet wurde, mag der griechische Philosoph Epikur stehen, der nur das persönliche Glück des einzelnen als Ideal anerkannte und der in seiner »Anleitung zur ungetrübten Lebensführung« schrieb: »Der Tod hat eben deshalb nichts mit mir zu tun, weil, wenn wir da sind, der Tod nicht da ist, und wenn der Tod da ist, wir nicht da sind.«

Jeder Mensch, auch der einsame Einsiedler, ist jeden Augenblick vom Tode umgeben und befindet sich ununterbrochen im Kreislauf von Geburt und Tod. Wer leben will, muß essen. Wer ißt, muß töten, sei es Pflanze oder Tier. Weil wir vom Baum der Erkenntnis gegessen haben, sind wir das Tier mit Bewußtsein auf

13

diesem Planeten und kommen um die Tatsache nicht herum, daß Leben ohne Tod nicht denkbar ist und wir daher das Leben gar nicht lieben können, wenn wir nicht auch den Tod lieben. Davon wollen wir aber lieber nichts wissen in der leisen Hoffnung, daß wir vielleicht doch entkommen. Und wenn schon nicht dem Tod, den wir in eine unbestimmte Zukunft verbannt haben, dann wenigstens dem Schmerz darüber, daß sich ein Menschenleben mühelos in Wochen ausdrücken läßt: Im Schnitt sind uns 4 000 Wochen gegeben, und dann sind wir immerhin schon 78 Jahre alt. So verweigern wir wie die Kinder unsere Zustimmung zu einer Sache, die von vornherein unserer Zustimmung nicht bedarf. Diese Verweigerung hat uns kollektiv die seelische Gesundheit gekostet und uns in einen Unsterblichkeitswahn getrieben. Erreicht haben wir das mit Hilfe der Verleugnung. Das Phänomen der Verleugnung wurde von der Psychologie ursprünglich nur in pathologischen Fällen wahrgenommen, in denen die gewöhnlichen Abwehrmechanismen versagt hatten. Verleugnung ist jedoch nicht nur ein Mittel zur Realitätsflucht einzelner Individuen, sondern die Grundlage, auf der unsere gesamte Gesellschaft basiert. Verleugnung bedeutet nichts anderes, als daß nicht sein kann, was nicht sein darf. Dahinter steht, daß wir Tatsachen oder Ereignisse, die dazu geeignet sind, Angst, Schrecken, Leid und Schmerz in uns hervorzurufen, aus unserem bewußten Erleben entfernen, indem wir behaupten, daß es sie gar nicht gibt. Damit entziehen wir uns vermeintlich dem Konflikt, dem wir aber statt dessen einen anderen Schauplatz im Unterbewußtsein zuweisen, von wo aus er Signale in unser Bewußtsein aussendet, die wir unter anderem als unangenehme Spannungsgefühle wahrnehmen.

Um unter dieser Spannung nicht zusammenzubrechen, bauen wir Abwehrsysteme auf. Die klassische Psychoanalyse kennt deren neun: Verdrängung, Regression, Reaktionsbildung, Isolierung, Ungeschehenmachen, Projektion, Introjektion, Wendung gegen die eigene Person und Verkehrung ins Gegenteil. Wie verrückt wir auf der Flucht vor der Wahrheit tatsächlich geworden sind, zeigt, daß nicht nur die klassische Form der Psychoanalyse, sondern die meisten Formen der Psychotherapie im Abwehrsystem notwendige, der Anpassung an das Leben dienende Funktionen sehen, die darüber hinaus auch der Produktivität dienen. In ihren Augen ist die Abwehr erst dann krankhaft, wenn sie zur sozialen Auffälligkeit führt und die Produktivität, also die Arbeitsfähigkeit, beeinträchtigt. Eine verzerrte Wahrnehmung ist aber in jedem Falle krankhaft, ob sie nun auffällt oder nicht, und daß eine Gesellschaft auf Verleugnung und Abwehr aufgebaut ist, bedeutet, daß alle krank sind. Vielleicht sind diejenigen unter uns, die sozial auffällig werden, noch die Gesündesten, die verzweifelt einen Ausweg suchen aus einem Irrenhaus, in dem wir anderen uns halbwegs gemütlich eingerichtet haben. Es werden sich daher die Vertreter der verschiedenen psychotherapeutischen Methoden die Frage gefallen lassen müssen, wozu ihre Arbeit dient. Dies betrifft nicht nur die klassische Psychiatrie, die die hilflosen Gesundungsversuche ihrer Patienten – nämlich die psychotischen Schübe – gnadenlos niederspritzt und seelisches Leiden zu beseitigen glaubt, indem es durch gefährliche Psychopharmaka und die noch gefährlicheren Neuroleptika gedämpft wird. Dies betrifft ebenso jede andere Form der seelischen Therapie, die die Abwehr nicht vollständig auflöst und überflüssig macht und

dem Klienten nicht zeigt, daß das Leiden am Abwehrsystem grausamer ist als das Leiden an der harten
Wirklichkeit.

Der Unsterblichkeitswahn, also der Versuch, dem
Bewußtsein unserer Sterblichkeit zu entkommen, äu-
ßert sich auf vielfältige Weise. Die Anbetung der Jugendlichkeit ist eines der Krankheitssymptome. Da
uns aber die ersten Falten, ausfallende Zähne und er-
schlaffende Muskulatur erbarmungslos daran erinnern, daß Leben ewige Veränderung, Wandlung und
Wechsel bedeutet, und zwar am eigenen Leib,
schmuggeln wir die Jugendlichkeit in unser Leben
wieder ein, indem wir uns festkrallen an dem vermeintlich jung gebliebenen Herzen und daran, daß
man so jung sei, wie man sich fühle. Und verlieren
auch noch die letzten Reste an Gefühl für Realität und
Verhältnismäßigkeit, bis wir uns nicht scheuen, uns
selbst der Lächerlichkeit preiszugeben. Ein sechzigjähriger deutscher Sänger klassischen Liedguts beispielsweise hielt es tatsächlich für möglich, daß er auf der
Bühne von weitem gesehen noch als Zwanzigjähriger
durchgehen könne und erst aus der Nähe betrachtet
auf 35 Jahre geschätzt würde. Warum wünscht er sich
das? Läßt man einmal die alberne Eitelkeit beiseite, so
steht dahinter die Geringschätzung, mit der ein 60
Jahre lang gelebtes Leben betrachtet wird, selbst wenn
es das eigene ist. Was ist denn so beneidenswert an
einem zwanzigjährigen Menschen? Kaum einer
möchte eigentlich wirklich noch einmal so jung sein.
Zu gut erinnert man sich an das Elend dieser Jahre, an
die innere Unsicherheit, die seelische Unruhe, die Rat-
losigkeit, das seelische und geistige Unvermögen, die
Ängste und Probleme und die Bevormundung durch
die Älteren. Die Chance, alles noch einmal besser zu

machen, kann es wohl auch nicht sein. Damit könnte ja jeder wenigstens für den Rest seines Lebens sofort anfangen, nur tut es keiner. Die Schönheit jugendlich glatter Haut? Vielleicht. Betrachtet man jedoch, mit welcher Gleichgültigkeit viele Menschen ihren eigenen Körper behandeln, der daraufhin unnötig früh zellulitisch verfettet und altert, so sind auch hier Zweifel angebracht. Vor allem aber ist es wohl die große, die lange, die endlose Zukunft, das »noch nicht«. Man wünscht sich, daß die Endlichkeit des Lebens noch nicht absehbar ist; ein Leben, in dem das »nie mehr«, das ein Sechzigjähriger schon oft erleiden mußte, noch im fernen Nebel einer vielversprechenden Zukunft mit unendlichen Möglichkeiten noch kaum zu ahnen ist. Und mehr noch: Je älter wir werden, um so bewußter wird uns, daß wir nun bald auch zu der Gruppe der in unserer Gesellschaft besonders Verachteten gehören: der alten Menschen.

Wem man es ansieht, daß er alt wird, der erinnert uns daran, daß auch wir nicht entkommen. Ein alternder Mensch ruft deshalb negative Empfindungen in uns hervor, die es niederzukämpfen gilt. Das geht am besten, indem man seine eigenen Gefühle auf den anderen projiziert. Das folgende Beispiel mag das erläutern: In der Auseinandersetzung mit dem Ensemble des Wiener Burgtheaters um seine berufliche Kompetenz bezeichnete Burgdirektor Claus Peymann seine Kontrahentin, die Schauspielerin Erika Pluhar, die zu dem Zeitpunkt 49 Jahre alt war, als jemanden, der nicht damit fertig werde, alt zu werden. Zur gleichen Zeit sagte er in einem Fernsehportrait über sich selbst, daß er nicht erwachsen werden wolle, und wollte das positiv gewertet wissen. Da war er immerhin schon über 50. Woher kommt der blinde Fleck auf der Seele des Theaterdirektors? Indem wir an anderen kritisieren, was uns am eigenen Wesen quält, hoffen wir, unser eigenes Elend nicht wahrnehmen zu müssen. Nicht uninteressant im Verstehen der Mechanismen des Unsterblichkeitswahns ist dabei die Tatsache, daß wir beim Altwerden, also bei dem Prozess, dem Tod entgegenzuwachsen, einen Unterschied zwischen Frauen und Männern machen. »Frauen sind das Leben; Männer nur Diener des Lebens«, sagte der amerikanische Mythologe Joseph Campbell. Allein schon durch ihre Gebundenheit an die biologischen Prozesse des Lebens machen sie dies deutlich. Nur sie geben wirkliches Leben, indem sie gebären. Nur sie menstruieren im Zyklus des erscheinenden und wieder verschwindenden Mondes und erleben monatlich einen kleinen Tod. Sie haben eine weitaus größere sexuelle, orgiastische Potenz als die Männer. So sind sie mit ihrer engen Verbundenheit zum körperlichen Erleben Symbol für Wandel, Wechsel und Lebendigkeit. Grund genug, daß diejenigen, die sich vor dem Tode fürchten und damit auch vor dem Leben, eine Möglichkeit finden müssen, die Augen abzuwenden. Dies geschieht eben auch dadurch, daß für Frauen Altern und Attraktivität zu unvereinbaren Gegensätzen erklärt werden. Ganz besonders traurig daran ist, daß sich die Frauen dies nicht nur klaglos, sondern zumeist zustimmend gefallen lassen. Die Ansicht, daß Frauen mit zunehmendem Alter keine Anziehungskraft auf Männer mehr haben können und haben dürfen, Männer jedoch mit den Jahren immer attraktiver werden, ist bei beiden Geschlechtern gleichermaßen verbreitet. Einer objektiven Prüfung hält diese Ansicht nicht stand.

Dies führt uns zu einem weiteren Versuch, dem Tode zu entkommen, der besonders unter Männern verbreitet ist. Ungestraft und unter der Duldung und mit Zustimmung und Förderung der Frauen haben sich alte Kinder, versunken in das Unsterblichkeitsspiel, unseres Planeten bemächtigt. Alte Kinder finden wir häufig dort, wo kreativ sogenannte Kultur produziert wird und uns Theaterdirektoren und Regisseure, Maler, Dichter und Schauspieler mit Revoluzzerflair glauben machen wollen, zu den Söhnen zu gehören, weil sie keine Väter sein wollen, obwohl sie schon zu den Großvätern gehören. Sich die Phantasie und Imaginationskraft der Kindheit erhalten zu wollen ist eine Begründung, die man sehr häufig von alten Kindern zu hören bekommt. Phantasie und Kreativität sind jedoch nicht nur Kindern vorbehalten und nehmen nicht in dem Maße ab, in dem wir reifen und Verantwortung tragen. Ja es ist überhaupt zu bezweifeln, ob Kinder eine besondere Art von Phantasie haben. Was wir kindliche Phantasie nennen, ist möglicherweise nichts anderes als die Klarheit eines (noch) abwehrfreien Lebens. Frei von Verleugnung und Abwehr sind jedoch gerade die alten Kinder nicht. Nicht alle alten Kinder sind an der Kappe mit dem Narrenglöckchen zu erkennen. Auch in der Welt von Nadelstreifen und Aktenkoffer treiben sie ihr Unwesen, wenn sich nur die Möglichkeit eines »Als-ob-Lebens« bietet, in dem sich einerseits mit anästhesierten Gefühlen leben läßt und andererseits ihre Ersatzhandlungen ihnen die Illusion geben, Verantwortung zu tragen. So verspielen sie unser aller Leben, verschleudern öffentliche Gelder, bauen Atomkraftwerke und -bomben, ziehen Giftgasfabriken hoch und sind im internationalen Waffenhandel tätig, bringen Kranke mit hochgiftigen Medikamenten um oder machen sie süchtig, vergiften Meere und Flüsse, lassen die Wälder sterben, wollen durch die Gen-Technologie klüger sein als Gott und gebärfähiger als die Frauen, und nichts ist ihnen zu blöd oder zu gefährlich, daß sie es nicht als Ersatz für das Leben nehmen.

Erst spät, oft zu spät müssen wir einsehen, daß unser Verleugnungskampf, das selbstzerstörerische Ringen, die Retiraden und Boutaden in höchstem Maße unseriös waren und daß auch bei uns keine Ausnahme gemacht wird. Wir werden alt und eines Tages sterben wir. Wir bezeichnen diese Zeit, in der wir durch die ersten Anzeichen von Altern gegen unseren Willen an unsere Vergänglichkeit erinnert werden, als Midlifecrisis. Viele Menschen haben in dieser Zeit das Gefühl, mit ihren Zielen in eine Sackgasse geraten zu sein. In diese Sackgasse wären wir nicht geraten, wenn wir nicht irgendwann zwischen Kindheit und den ersten Jahren unseres erwachsenen Lebens vom Weg des Lebens abgeraten wären. Irreführend ist auch, daß wir diese Zeit als Krise bezeichnen, in der wir gleichsam wie ein Kranker für eine Weile in einer hilflosen Ausnahmesituation stecken, um nach Überwindung und Gesundung weiter tun zu können wie zuvor. Nur selten wird diese Zeit als letzte Chance begriffen, aus dem Unsterblichkeitswahn auszusteigen. Fast wie neu, sagen wir, und werden in alter Frische zur älteren Jugend. Oder wir reagieren auf gegenteilige Weise mit Trotz und beantworten die in unseren Augen zynische und grausame Forderung des Lebens nach dem Tode damit, daß wir ihn aus der Fassung zu bringen versuchen, indem wir auf der Stelle unübersehbar alt werden und die noch nicht sichtbar vom Tode Gezeichneten für unseren eigenen, sich nahenden Tod büßen lassen als leibhaftiger Vorwurf. Mit diesem Trick geben wir die Macht nicht aus den Fingern, obwohl wir ihr nicht mehr gewachsen sind und sie nur lieben, weil sie uns als einziger Ersatz für das Leben geblieben ist.

Beispiele hierfür finden sich weltweit an den wichtigen Schaltstellen der Macht in Wirtschaft und Politik, wo jemand noch als jung und dynamisch gilt, der in anderen sozialen Kreisen keine Arbeit mehr finden würde, weil er als zu alt gilt. Je weniger flexibel ein gesellschaftliches System ist, um so älter sind die Greise an deren Spitze. Dieser Satz verliert seinen Wahrheitsgehalt nicht, wenn man ihm umdreht: Je älter die Greise an der Spitze, um so weniger flexibel das System. Daß die Revolutionen des Ostblocks ihre Gerontokraten davongejagt haben, ist dabei keineswegs Anlaß zu Hoffnung auf eine Veränderung. Das Prinzip, das es bösen alten Männern gestattet, ganze Völker unter ihrem eigenen Unsterblichkeitswahn leiden zu lassen, hat in jeder Ideologie Platz. Die Unterschiede sind nur graduelle zwischen dem ehemaligen amerikanischen Präsidenten Ronald Reagan, der ständig Film und Wirklichkeit verwechselte, und Deng Xiaoping, der als über Achtzigjähriger in Krisenzeiten neun andere über Achtzigjährige konsultierte, um eine Lösung für das Problem revoltierender Studenten zu finden, oder dem rumänischen Diktator Ceaucescu.

Man muß nicht unbedingt in den spektakulären Sphären der mächtigen Gerontokraten suchen, um Beweise für trotziges Altern zu finden. Schaut man sich nur bei unseren Alten, den ganz durchschnittlichen Pensionisten um, so fragt man sich, wo sie Generation für Generation herkommen, diese resignierten, vorwurfsvollen und manchmal bösartigen Gestalten, die sich wie in einer geheimen Absprache in farb- und liebloser Einheitskleidung zeigen, an der sich in den letzten 50 Jahren nicht einmal eine Kragenspitze verändert hat. Es sind die gleichen Leute, die die triste Einheitskleidung und die Engstirnigkeit des Denkens einst an ihren Altvorderen schrecklich fanden und die heute ebenso gnadenlos alles, was anders ist, was chaotisch und beweglich, also lebendig ist, hassen. Auf welches Zeichen hin verwandeln sie sich, die einst lebendig waren, in Feinde des Lebens, fern von der Lust zu leben? Es ist ein Irrtum anzunehmen, daß dies eine natürliche Folge des Alterungsprozesses ist, wofür lebendig gebliebene alte Menschen der beste Gegenbeweis sind. Ist die Gesellschaft schuld, die unsere Alten zugegebenermaßen schlecht behandelt? Ja, die Gesellschaft ist schuld daran, und diese Gesellschaft haben die nun Alten einst mitgetragen und mitgestaltet ganz im Dienste des Unsterblichkeitswahns. Damals hätten sie sich nicht träumen lassen, wie es ist, alt zu werden, sowenig wie wir heute Jungen auch nur einen Gedanken daran verschwenden. Die Alten ernten heute, was sie gestern gesät haben, wie wir heute säen, was wir morgen ernten. Die Gesellschaft besteht aus einzelnen Menschen, die für die Art und Weise, wie sich das gesellschaftliche Leben entwickelt, ebenso die Verantwortung tragen wie für sich selbst. Diese Trennung von innen und außen, von Gesellschaft und privater Existenz und die Unfähigkeit, Zusammenhänge zu erkennen sowie der gesellschaftlichen Ohnmacht die Unfähigkeit zur Verantwortung für das eigene Handeln und Sein zuzuschreiben, sind Indizien für neurotische Verleugnung des Lebens. Wer sich jedoch auf der Flucht vor dem Tod in der Falle des Altseins wiederfindet und sich ohnmächtig erst dann der Wahrheit beugen muß, daß auch er nicht entkommt, der kann bitter werden und in den Jungen das Leben hassen, das er einst versäumt hat.

Wie weit wir uns entfernt haben vom Leben und seiner Erfordernis, die im Tod besteht, zeigt uns auch die Sprache und ihr Wandel. Das Wort »Tod« entwickelte sich aus dem indogermanischen »dheu«. Das vorkeltische »dhunios« hieß Mensch und bedeutete eigentlich Sterblicher ebenso wie das gotische Wort »diwano«. Dem Menschen wurde also schon in seiner Benennung seine Bestimmung angezeigt. In unserem erbärmlichen Versuch, den Tod zu besiegen, ging uns diese sprachliche Bedeutung nicht aus Zufall im Laufe der Geschichte verloren. Wir versuchen seit geraumer Zeit, den Menschen in Fleisch und Blut unsterblich zu machen, weshalb alles, was auf seine Sterblichkeit hinweisen könnte, aus unserem Bewußtsein entfernt werden muß. Sprache jedoch ist das Instrument des Bewußtseins.

Der Mensch aber ist nicht unsterblich, sondern dient einer unsterblichen Welt. Nicht nur für einen akut an einer tödlichen Krankheit leidenden Menschen gibt es keine Freiheit der Entscheidung mehr, keine Wahl, keine Alternative, sondern für uns alle. Der Unterschied liegt einzig und allein darin, daß ein tödlich Erkrankter das Wissen über die ungefähre Zeitspanne hat, die ihm noch zum Leben bleibt, während wir anderen morgen schon tot sein könnten. Und selbst dies kann noch eine übertrieben lange Zukunftsaussicht sein. Ein buddhistischer Mönch, ein Bikkhu, der über die Möglichkeit meditierte, daß er noch am selben Abend sterben könne, wurde von seinem Meister als nachlässig getadelt. Er solle bei seiner Meditation daran denken, daß der Tod beim nächsten Ein- und Ausatmen eintreten könne. Das wäre eifriges Üben.

Der Ernst des Todes und sein Schrecken liegen nicht in der Erkenntnis, daß alle Menschen sterben, sondern in der Erkenntnis: Ich werde sterben. Dieses Wissen tut weh.

Angesichts dieser ungeheuerlichen Forderung des Lebens mag sich der Gedanke der Sinnlosigkeit des Lebens aufdrängen, der sofort verbannt werden muß, bevor wir daran verzweifeln. Zu wissen, daß wir einfach weggewischt werden, am Wegesrand zusammensinken, während die anderen weitergehen, weiterlachen, weiterlieben; daß wir uns einreihen müssen in die Reihe derer, die vergangen sind und für einige Jahre nur noch als Grabstein weiterexistieren, bis dann eines Tages nicht einmal der mehr da ist – dies ist der Gedanke, der uns unerträglich scheint und der nur unter Schmerzen erträglich wird. Es fällt schwer, im Tode unsere Vervollkommnung und nicht unsere Zerstörung zu sehen.

Tragischer noch als dieses Wissen sind die Ergebnisse des Versuchs, diesem Wissen zu entkommen. Im sinnlosen Leerlauf lassen wir Woche für Woche von den uns bemessenen 4 000 vergehen, in denen wir uns ablenken und beschäftigt halten und unter unserer vitalen Impotenz leiden.

Wir haben uns in ein inauthentisches, passives Leben zurückgezogen, das uns keine persönliche seelische Weiterentwicklung ermöglicht, weil wir alle wahrscheinlichen Ereignisse, an denen wir wachsen könnten, ausgesperrt haben. Über den Fernsehschirm, die Filmleinwand und Bücher holen wir uns diese Ereignisse wieder zurück und berauschen uns am gewaltsamen Tod erfundener Figuren in erfundenen Leben. Vermeintlich in Sicherheit, entkommen wir dennoch nicht dem, was Rainer Maria Rilke so beschrieb:

»Der Tod ist groß; wir sind die Seinen, lachenden Munds. Wenn wir uns mitten im Leben meinen, beginnt er zu weinen, mitten unter uns.«

2. KAPITEL

Ein langes Leben
um jeden Preis

Wir schachern um Zeit. Was aber ist denn ein langes Leben? Eine lange Vergangenheit. Und die Zukunft reicht immer nur bis zum nächsten Atemzug. Darüber hinaus weiß man nichts. Es ist eigentlich gleichgültig, ob ein Mensch hundert Bilder malt oder zehn, ob er einen Roman schreibt oder viele, ob er noch zwanzig Sommer lebt oder einen. Er lebt immer nur jetzt. »Das alles bedeutet nicht viel, die ganze Malerei, die Skulptur, das Zeichnen, Schreiben, oder vielmehr: die ganze Literatur. Das alles hat seinen Ort und mehr nicht. Der Versuch ist alles, wie wunderbar!« schrieb der Bildhauer Alberto Giacometti, kurz bevor er diese Erde verließ. Es muß sich dabei nicht um Kunst handeln. Auch der Job in einer Bank, der Verkauf von Briefmarken im Postamt oder das Kellnern in einem Kaffeehaus bedeuten nicht viel. Das hat ebenso seinen Platz, und mehr bedeutet es nicht. Der Versuch, von dem Giacometti schrieb, meint, sich durchzukämpfen und zur eigenen inneren Freiheit durchzudringen. Der Versuch, das ist das wahrhaftig gelebte, das authentische Leben, das nicht voller wird allein deshalb, weil es eventuell lange währt.

Was wäre gewesen, wenn Mozart 80 Jahre alt geworden wäre und Beethoven nur 30? Tatsächlich aber sollten wir uns fragen, ob sich nicht hinter unserem Anspruch auf ein langes Leben um jeden Preis die Verweigerung der Annahme eines Schicksals verbirgt. Alle wollen erst nach einem langen und erfüllten Leben sterben, wenn es denn überhaupt unbedingt sein muß. Was aber ist ein erfülltes Leben? Die ersten Jahre nach unserer Geburt verbringen wir damit, darauf abgerichtet zu werden, die Dinge zu tun, die wir nicht tun wollen, und den Rest unseres Lebens verbringen wir damit, diese ungewollten Dinge dann auch zu tun. Läßt man uns endlich in Ruhe, weil wir unseren Ruhestand erreicht haben, sind wir dann meist zu müde und ausgebrannt, um noch die Dinge zu tun, die aus einem langen Leben ein langes, erfülltes Leben machen könnten. Es dösen die meisten Menschen durch ihr ganzes Leben ihrem Ende entgegen und beschäftigen sich auf der Flucht vor ihrer inneren Leere mit Unfug und Nichtigkeiten, häufen Besitz an, den sie in Wirklichkeit gar nicht brauchen, und bauen gewaltige Ängste vor Belanglosigkeiten auf. Das bedeutet, daß sie jahrzehntelang lügen, Empfindungen verstecken, heucheln, lächeln, statt zu beißen, und schimpfen, wo sie lieben. Wenn der Tod dann Leben in ihr Leben bringt, sind sie überrascht, daß es ihn wirklich gibt, und irritiert darüber, daß das Leben ganz anders und tiefer ist, als sie immer geglaubt haben.

Die Erfüllung eines Lebens besteht darin, den Erfahrungen nicht auszuweichen, um so sehr wie nur möglich daran zu wachsen. Dazu gehören das Kämpfen und das Siegen, das Leiden und die Niederlage, die Freunde und die Feinde und schließlich das Loslassen und das Begreifen, worum es wirklich geht: um das große Abenteuer des bewußten inneren Erlebens, das aus einem Haufen Protoplasma einen Menschen macht. Und am Schluß steht der Tod, der nur ein Aspekt des Lebens und dessen wahre Reifeprüfung ist. Die englische Primärtherapeutin Jenny James rät allen, die sich darüber im unklaren sind, in den Spiegel zu schauen und sich zu fragen: »Bin ich ein schönes, wundervoll lebendiges menschliches Wesen, das diesem phantastischen Universum Ehre macht, dem ich schließlich das Leben verdanke? Bin ich eine Freude für mich selbst und andere? Nein? Warum eigentlich nicht? Was kann man dagegen tun und – am allerwichtigsten! Wann?«

Später, sagen wir und wünschen uns ein langes Leben. Und ein angenehmes soll es auch noch sein. Unter einem angenehmen Leben verstehen die meisten Menschen ein Leben ohne Schwierigkeiten, ohne Probleme, Mühsal und Leid. Vor allem aber verstehen sie darunter: Haben, haben, viel haben. Leben jedoch ist Leid, das unsere größte Aufmerksamkeit verdient, weil es uns Dinge lehrt, die wir sonst überhaupt nicht gelernt hätten. Wer Leid nicht mehr fühlen kann, ist tot. Leben bedeutet vor allem aber: Sein und werden. Je mehr wir uns diesen Gedanken, die keineswegs neu sind, entziehen, weil wir ja noch Zeit *haben*, um so unglücklicher und unzufriedener sind wir trotz Auto, Videorekorder und all dem anderen Plunder. Sich ein angenehmes Leben zu wünschen bedeutet, sich zu wünschen, ein schlechter Schüler zu sein.

Tatsächlich wünschen wir uns ein langes Leben, weil wir einfach nicht sterben wollen. Die wenigsten von uns haben große Aufgaben zu erfüllen (wobei man sich vergegenwärtigen muß, daß die meisten als groß deklarierten Aufgaben der reine Firlefanz sind, nicht mehr als eine schlechte Beschäftigungstherapie). So ist es nicht unser Lebenswerk, das es erst noch zu vollenden gilt. Wenn unsere Zeit gekommen ist, sind unsere Kinder meist schon selber ältere Leute, so daß sie unser nicht mehr bedürfen, außer wir haben grundlegend alles falsch gemacht mit ihnen. Und schon gar nicht wünschen wir uns ein langes Leben, weil es so schön ist, daß wir uns gar nicht trennen können. Was ist schon schön daran, ein Leben lang vor Schmerzen, Ängsten, Sorgen und Schuldgefühlen davonzulaufen, die einen immer wieder einholen? Wir wollen einfach nicht sterben, und deshalb können wir den Zeitpunkt nicht akzeptieren, wenn er gekommen ist; diesen Zeitpunkt, den das Leben bestimmt und nicht der Mensch und der bei dem einen früh, bei dem anderen spät, in unserem Empfinden jedoch immer zu früh kommt. Der Unsterblichkeitswahn spiegelt uns dabei die Illusion vor, daß sich der Zeitpunkt hinausschieben läßt, solange wir uns nicht damit befassen und nicht darauf vorbereiten. Und läßt uns in unserem Hochmut vergessen, daß Demut nichts anderes ist, als die Dinge so zu nehmen, wie sie sind.

Erschüttert und überrascht verkündete die Weltpresse den Tod des Dirigenten Herbert von Karajan. Worüber ist man erschüttert und überrascht, wenn ein Mann mit 81 Jahren stirbt? Er war ohne Gewalteinwirkung oder äußerliches Unglück gestorben, und sogar das Elend von Krankenhaus und Intensivstation blieb ihm erspart. Er starb nicht allein und verlassen und konnte auf ein Leben zurückblicken, das ihm beinahe alles gegeben hatte, was ein Mensch nur erreichen kann. Man war erschüttert, weil für einen kurzen Moment etwas in unserem Bewußtsein aufblitzte und ein wenig Licht auf die Lüge des Unsterblichkeitswahns fallen ließ. Eine schöne Frau, prächtige Kinder, Reichtum, Erfolg, eine große künstlerische Begabung und noch größere Macht – alles, was man *haben* kann, ist nicht imstande, den Tod zu besiegen, der ein Sein ist. Der Rest war Heuchelei aus Freude darüber, daß es auch die Glückskinder am Ende erwischt. Hätte ein Journalist die Wahrheit zu schreiben gewagt, welch ein

Glück es doch für den großen Dirigenten gewesen sein müsse, einen guten Tod gehabt zu haben, rechtzeitig vor dem Elend jahrelangen Siechtums – der hätte seinen Beruf an den Nagel hängen können. Statt dessen zählten die Gazetten eine geriatrische Rekordliste anderer Dirigenten auf, die älter als Karajan geworden waren. Vielleicht war er der größere Künstler, die anderen dirigierten länger, woraus der Schluß gezogen wurde, Karajan starb zu jung.

Was aber, wenn ein Mensch nach unserem Empfinden tatsächlich zu jung stirbt? Wenn kleine Kinder, deren Leben noch gar nicht richtig begonnen hat, tödlich erkranken, dann fällt es nicht nur den Angehörigen schwer, dieses Schicksal klaglos und in Würde hinzunehmen. Eine der erstaunlichsten Frauen unseres Jahrhunderts, die schweizerisch-amerikanische Ärztin Elisabeth Kübler-Ross, die fast ihr ganzes Leben lang damit verbracht hat, Sterbenden zu einem guten Tod zu verhelfen, und unzählige in ihren letzten Wochen und Stunden begleitet hat, sagt: »Die Antwort lautet ganz einfach, daß diese Kinder in ganz kurzer Zeit gelernt haben, was man lernen muß. Und das sind für verschiedene Menschen ganz verschiedene Dinge.« Sie hat einem neunjährigen krebskranken Jungen, der ihr die folgenden drei Fragen stellte: »Was ist Leben?... Was ist Tod?... Und warum müssen Kinder sterben?«, in einem Brief geantwortet: »Unser Leben ist eine Schule, in der wir manches lernen können: Mit anderen Menschen auszukommen, ihre Gefühle zu verstehen – aufrichtig zu sein mit uns und anderen, Liebe zu geben und zu empfangen. Wenn wir unsere Prüfungen bestanden haben, dann dürfen wir die Schule abschließen – das bedeutet: Wir dürfen heimkehren in unser wirkliches Zuhause.« Und sie berichtet, daß die sterbenden Kinder imstande waren, dies zu begreifen, und eine für ihr junges Alter große Reife entwickelten.

Ein Mensch, der tödlich erkrankt, bekommt selten die Chance zum Reifen, sondern sein Leben wird verlängert – um jeden Preis. Der krebskranke Wiener Physiker Peter Schuster: »Ein Krebspatient hat noch niemals nein gesagt! Noch modernere Operationstechniken mit chirurgischen Gas- und Festkörperlasern, auch wenn wir trotzdem später verstümmelt sind! Stehen wir Krebskranken nicht voll Todesangst gelähmt vor unserer Krankheit wie das Kaninchen vor der Schlange? Oder noch aggressivere chemotherapeutische Medikamente, auch wenn diese eindeutig toxisch sind und unsere gesunden Zellen zerstören!... Oder eine nochmals erhöhte Bestrahlungsdosis von 2 000 REM mit Kobalt auf die Lymphe, auch wenn das Immunsystem dann völlig kaputtgeht?«

Was das bedeutet, ist auch den Behandlern klar. Frater E., der Leiter eines Wiener Spitals: »Die Konfliktsituationen, in die man kommt, werden immer mehr. Das kommt durch die Effizienz der Medikamente und die Entwicklung der medizinischen Technik. Immer mehr ist machbar. Man kann heute immer weniger sagen, daß es keine Chance mehr gibt. Und die Sache ist noch steigerungsfähig. Es wird für die Betroffenen immer grausliger werden. Die Verweildauer auf der Intensivstation wird immer länger werden und das Sterben wird immer länger dauern.«

Das nimmt bisweilen groteske Formen an, die von den Beteiligten jedoch als Humanität und Liebe angesehen werden. Die 95 Jahre alte Mutter einer Wiener Schauspielerin erleidet in ihrem hohen Alter einen Schlaganfall. Sie erholt sich davon nicht. Unverdrossen aber hantieren Ärzte und Krankenhauspersonal an ihr herum, denn die Mama darf auf Wunsch der Tochter nicht sterben. Ihr langsam verfallender, austrocknender Körper wird künstlich ernährt. Mehrmals fällt sie dennoch ins Koma, wird aber jedesmal wieder zurückgeholt. Und so bereitet man der alten Dame das, was man eigentlich vermeiden wollte und vor dem wir uns alle fürchten: ein langes, qualvolles Sterben, das sich über Monate hinzieht. Fällt es angesichts des sehr hohen Alters dieser Sterbenden noch leicht, die Sinnlosigkeit der Flucht vor dem Tode zu erkennen, so sieht es im folgenden Fall vermeintlich anders aus.

Ein 84jähriger Wiener Schriftsteller, der schon sehr gebrechlich, aber geistig noch rege ist, erleidet zum zweitenmal einen Herzstillstand. Er wird reanimiert und soll nunmehr einen Herzschrittmacher eingesetzt bekommen. Die Ärzte können und dürfen nicht entscheiden, ob dieser Mann am Ende seines Lebens angekommen ist. Sie sind verpflichtet und daran gewöhnt, Leben um jeden Preis zu retten. Die Angehörigen wollen aus Liebe zu ihm alles tun, was nur irgend möglich ist, um ihn am Leben zu erhalten, und wagen es nicht, zu entscheiden, wann dieses Leben zu Ende gelebt ist, denn sie wollen ihn nicht verlieren. So liegt die Entscheidung letztlich bei dem betroffenen 84jährigen Mann, und es bleibt die Frage offen, ob er sich darüber im klaren ist. Wenn er überhaupt loslassen kann, dann wohl erst, wenn alles menschenmögliche getan ist. Vielleicht aber möge Gott schützen vor dem, was menschenmöglich ist.

Sein Schicksal anzunehmen bedeutet nicht, nichts gegen die Krankheit zu tun. Ein erkrankter Mensch hat seine Krankheit mit Achtung zu betrachten, muß

34

ganzheitlich behandelt werden und vor allem selber
aktiv an seiner Heilung arbeiten. Wessen Körper ist
denn das? Die medizinische Behandlung ist nur eines
von vielen, die erst die Ganzheitlichkeit bedeuten.
Auch sie hat ihren Platz, und mehr bedeutet sie nicht.
Zur ganzheitlichen Behandlung gehört ebenso das
Nachdenken über die Bedeutung der Krankheit und
die bewußte Annäherung an die Tatsache, daß unser
Leben auf Erden endlich ist – so oder so, wenn nicht
jetzt, dann etwas später. Am Ergebnis ändert es nichts.
Das bewältigen die meisten Menschen nicht ohne
Hilfe. Diese Hilfe jedoch hat die Gesellschaft – also
wir – nicht zu bieten. Niemand kann einen anderen
Menschen vor den Schmerzen des Lebens bewahren,
niemand kann wirklich trösten und die harte Wirklichkeit aus der Welt schaffen; aber helfen, damit fertig zu
werden, könnten wir, wenn wir wollten. Dazu braucht
es unter anderem auch Zeit, die wir dann plötzlich
nicht haben, weil wir vollauf damit beschäftigt sind,
uns im Unsterblichkeitswahn selber krank zu machen.
Erst wenn wir auf die andere Seite übergewechselt
sind zu den Ausgestoßenen und Isolierten, die nur
noch eine kurze Zeit hier sind und sich daher nichts
mehr vormachen können, werfen wir all den ange-
häuften Mist über Bord und lernen, die wirklich wichtigen Dinge im Leben zu tun, als da wäre: auf jemanden zuzugehen und zu sagen: »Ich liebe dich«, und
endlich zu beginnen, den Dialog mit unserer inneren
Stimme zu führen.

Wir »Gesunden« aber schachern um Zeit und begeben uns dabei in ihren Reißwolf. Die Situation in der
hochtechnisierten Zivilisation ist wirklich paradox:
Man hat keine Zeit, obwohl die Masse der Menschen
noch nie soviel Zeit zur Verfügung hatte wie heutzu-

tage. Noch Mitte des 19. Jahrhunderts arbeiteten Männer, Frauen und sogar Kinder bis zu 80 Stunden wöchentlich. Heute gehen wir schon unter die 40-Stunden-Marke. Trotzdem haben wir keine Zeit. Ein Teil unserer Zeit wird durch den Konsum der Dinge, die wir produzieren, wieder aufgefressen. Wir müssen unsere Besitztümer gebrauchen, pflegen, sauberhalten, ordnen und verwalten. Transport und Information – die zwei Beine, auf denen unsere Gesellschaft sich fortbewegt – rennen immer schneller, während Eigenbewegung zum Fortkommen immer bedeutungsloser wird. Es war die Uhr und nicht die Dampfmaschine, die uns den fragwürdigen Fortschritt brachte, an dem wir nun unterzugehen drohen. Sie mißt eine hartnäckige Illusion, denn Zeit ist nichts als ein Konzept und von daher eine Glaubensfrage, von Menschen mit naturgemäß beschränkter Vorstellungskraft erdacht, ein Konzept von vielen möglichen, um anderen Menschen mit naturgemäß beschränkter Vorstellungskraft die Welt zu erklären, indem man die Zeit bis zur Nanosekunde mißt. Im Erleben von Zeit spielt das subjektive Erleben des einzelnen Individuums eine große Rolle. Hat der Mensch wenig Input, passiert also nicht viel, scheint ihm die Zeit zu kriechen, während ihm die Zeit nur so verfliegt, wenn viel in großer Geschwindigkeit geschieht. Wir würden auf unserer Flucht vor dem Tod in Langeweile ersticken oder entdecken, daß wir unter einem emotionalen Mangel leiden, wenn wir der freien Zeit tatsächlich ausgesetzt wären, die wir ja haben. So produziert die moderne Zivilisation zum Vertreib der vielen Zeit einen gigantischen Ansturm von Input, der aber nicht in den Gefühlshaushalt der Menschen eingreift, ihm also gar nichts bedeuten kann. Auf diese Weise sind wir alle zu hochinformierten Menschen geworden, allein die Informationen haben wenig mit uns zu tun. Wichtigstes Instrument hierzu ist das Fernsehen, obwohl viele Systeme nach diesem Muster funktionieren. Die vorbeirasenden Bilder und Signale stimulieren das Gehirn. Der Input ist also groß genug, daß die Zeit rasch vergeht. Aber am Ende sind Stunden weg, ohne daß sie sonderlich eindrucksvolle Spuren in der Erinnerung und überhaupt keine in unserem Leben hinterlassen haben. Die Zeitvernichtungsmaschine Fernsehen stiehlt uns also das, was wir doch glaubten uns erschachert zu haben: eine lange Zeit zu leben. Statt dessen sind wir live dabei, wenn andere Leben simulieren. Bis wir eines Tages unsere atomare Auslöschung einen letzten Augenblick lang live im Fernsehen miterleben dürfen, bevor die Wirklichkeit mit einem folgenreichen Rülpser zurückkehrt.

3. Kapitel

Geliebte Todesangst

Gegen den Tod gibt es keine Waffe. Wir wissen von ihm nichts, außer daß wir ihm nicht entkommen, und haben nur Ahnungen und Vorstellungen, die wir mangels Erfahrung höchst unzulänglich beschreiben. Über das Sterben wissen wir mehr, wenn wir auch für die eigene Erfahrung nur eine einmalige Chance haben, die sich nicht wieder anwenden läßt, weshalb wir diesem Ereignis mit Angst entgegensehen.

Angst hat Signalfunktion angesichts einer wirklichen Gefahr. Sie treibt den Organismus zu intensiven Maßnahmen, um der Gefahr zu entkommen. Diese Maßnahmen bestehen in Fluchtbereitschaft und höchster Konzentration auf die Situation. In diesem Sinne können wir auf Angst nicht verzichten. Todesangst wäre die Wahrnehmung der Todesgefahr während einer realen Situation, in der wir der Todesgefahr begegnen. Auch hierbei läßt sich die vernünftige Signalfunktion erkennen.

Angst ist aber auch der Motor, der einen neurotischen Prozeß in Gang setzt und in Bewegung hält, wie es die Psychoanalytikerin Karen Horney definierte. Es wäre für jeden Menschen die Sache von ein paar Sekunden, Angst zu überwinden. Dazu bedarf es lediglich des Erkennens der Abwesenheit von realer Gefahr oder des Erkennens der Unentrinnbarkeit einer Situation, in der Angst uns daran hindert, diese zu akzeptieren. Wer das nicht kann, der leidet unter neurotischer Angst.

Wenn man sich umschaut, so stellt man fest, daß alle

Menschen von vielfältiger Angst gequält werden und die meisten sie ein Leben lang nicht überwinden können, ob sie wollen oder nicht (meist nicht). Angst ist also ein Allgemeinzustand in unserer Gesellschaft und keineswegs das gestörte Befinden einiger weniger, die als krank zu bezeichnen wir uns angewöhnt haben. Eines der hervorstechendsten Merkmale der Angst ist das unterschiedliche Ausmaß, in dem Menschen angesichts der gleichen Situation unter ihr leiden. Angst wird also individuell gelernt. Es gibt kaum eine Situation, und sei sie noch so banal, vor der Menschen nicht Angst haben. Wir haben Angst vor Schmerzen und Tod; wir haben Angst davor, einen Fremden anzusprechen, oder vor einem Kuß; es graust uns vor Spinnen und Schlangen; wir fürchten uns in Fahrstühlen und Hochhäusern; wir flüchten vor Hunden, zittern vor dem bösen Blick und gehen vor unseren Vorgesetzten in die Knie. Wir leben – so scheint es – in einer furchterregenden Welt.

Daher stellt sich die Frage, warum das so ist, aus welcher Quelle sich dieser nicht endenwollende Schwall an Angst speist und wozu uns diese Angst dient. Es stellt sich weiterhin die Frage, welche vermeintlichen Gefahren uns die Angst vorgaukelt und wie es möglich ist, daß sich eine auf den ersten Blick hochentwickelte Gesellschaft kollektiv im Zustande der permanenten Verwirrung und Angst befinden kann, so daß sie sich in ständiger Beschäftigung mit der Ausschaltung illusionärer und eingebildeter Gefahren befindet und dabei die wirklichen Gefahren erst produziert, diese jedoch nicht wahrnimmt. So putzen wir beispielsweise aus Angst vor Schmutz und Bakterien die Wohnung mit chemischen Mitteln klinisch rein und trinken anschließend zur Erfrischung in der blinkend sauberen

Küche aus einem strahlend reinen Glas das auf diese Weise vergiftete Trinkwasser.

Angst begleitet unser Leben in vielfältiger Form, denn auf ihr baut sich unsere Gesellschaft auf, durch sie funktioniert alles. Erzeugt wird sie anfangs durch traumatische Erfahrungen von Hilflosigkeit und Isolation in der frühen Kindheit. Nicht nur bei Säuglingen, die man stundenlang schreien läßt, damit sie kräftige Lungen bekommen, oder bei Kindern, die geschlagen werden, kann man von traumatischen Erfahrungen sprechen. Zu den traumatischen Erfahrungen gehören zahllose, ganz sublime Erziehungsmaßnahmen, an denen allgemein kein Anstoß genommen wird, das heißt, daß sie unter nahezu jedem Dach und als ganz normaler Alltag erlebt werden. Während Psychologen und Sozialarbeiter noch die »gesunde Watschen« als Ausdruck elterlicher Lieblosigkeit brandmarken, umgeben wir unsere Kinder mit einem System emotionaler Verunsicherung und fein ausgeklügelten psychischen Strafen und bemerken nicht, wie gestört die Kommunikation zwischen Eltern und Kind ist. Darüber hinaus übernehmen Kinder, die noch abwehrfrei und daher über eine einfühlsame Wahrnehmungskraft verfügen, die Angstbereitschaft ihrer Eltern und tragen diese fremde Last ein Leben lang weiter. Der Berliner Psychotherapeut Wilfried Wieck: »Meine Mutter hatte selber viele Ängste, die sie mir offenbar mitgeben wollte. Ich wußte genauestens über ihre Ängste Bescheid, sie aber nicht über meine« (aus: Die geheimen Verbote).

Daß Wiecks Mutter die Ängste ihres Sohnes nicht kannte, hängt mit der gesellschaftlichen Negierung durch Tabuisierung existentieller Bereiche des Lebens zusammen. Tabus dienen der eigenen Angstabwehr, was Kinder erspüren, ohne daß Erwachsene auch nur ein Wort darüber verlieren. Auf diese Weise übernehmen Kinder die fremde, elterliche Angst, die um so entsetzlicher für sie ist, weil sie weder wissen können noch dürfen, welcher Art diese Angst ist. Sie spüren außerdem, daß ihre eigene kindliche Angst, die zum guten Teil eine Antwort auf die diffuse elterliche Angst ist, von den Eltern weder verstanden noch akzeptiert werden wird. So lernen Kinder die Angst weiterzutragen und dazu zu schweigen, um die Liebe der Eltern nicht zu verlieren. In einer Untersuchung über kindliche Angst stellte der amerikanische Psychologe S.B. Sarason fest, daß »Mütter ängstlicher Kinder sich häufiger sträuben, mit ihren Kindern über Sexualität und Tod zu sprechen. Sie versuchen, den Wissensdrang ihrer Kinder bei emotional getönten Themen nicht zu erfüllen und Fragen nicht zu beantworten. Sie gehen Gefühlsäußerungen negativer und stark belastender Art aus dem Weg.«

So wird die Angst gelernt und brennt sich tief in unsere Seele ein. Was wir einst erlitten, tun wir dann unseren eigenen Kindern an – nach bestem Wissen und Gewissen. Wir versagen ihnen unsere permanente Nähe, wir versagen ihnen die Wärme unserer nackten Haut, wir sind unehrlich zu ihnen, wenn sie Fragen stellen, und isolieren sie in einer süßlichen, künstlichen Kinderwelt, die mit dem wahren Leben nichts zu tun hat. Wir nehmen sie nicht wirklich ernst und bereiten sie daher auch nicht wirklich und in Liebe auf das Leben vor. Die Liebe unserer Kinder bleibt uns dennoch erhalten. Sie sind von uns abhängig. »Ein Kind kann nur lieben, oder es stirbt auf irgendeine Weise« (Irmgard Hülsemann in: Ihm zuliebe?). So bringen wir ihnen auf grausame Weise bei, was wir unter Liebe verstehen.

Das folgende alltägliche Beispiel soll zeigen, was eine solche, aus elterlicher neurotischer Angst resultierende, ganz normale Grausamkeit ist: Ein siebenjähriges Mädchen hat Schwierigkeiten, das Schönschreiben zu lernen. Wenn ihr die Hausaufgabe nicht gelungen ist, reißt die Mutter stets die verpatzte Seite aus dem Übungsheft heraus. So ist das Heft schon recht dünn, als ihr eine Hausaufgabe wieder mißlingt. Die Mutter wird zornig, reißt auch diese Seite heraus und gibt dem Kind eine Ohrfeige, worauf das Mädchen aus der Nase zu bluten beginnt. In diesem Augenblick läutet das Telefon, und das Kind hört, wie die Mutter freundlich und höflich mit dem Telefonpartner plaudert, als sei nicht eben gerade eine kleine Katastrophe passiert. In diesem eher leichten Tonfall schildert die Mutter dann auch, wie unfähig ihr Kind sei und daß sie es deshalb habe bestrafen müssen. Die eigentliche Grausamkeit war nicht die Unfähigkeit der Mutter, dem Kind beim Lernen zu helfen, noch war es die Ohrfeige. Eher schon die herausgerissenen Heftseiten. Vor allem aber war es die erniedrigende Erfahrung des Telefongesprächs, die dem Kind seine hilflose Ohnmacht bewußtmachte, der es im wahrsten Sinne des Wortes auf Gedeih und Verderb ausgeliefert war. Es muß hier betont werden, daß eine Ohrfeige in keinem Falle eine geeignete Erziehungsmaßnahme darstellt. Aber sie ist im Vergleich zu dem Telefongespräch eine reale Sache, gegen die das Kind ebenso reale Gefühle entwickeln kann. Gegen die Bedrohlichkeit der Verunsicherung und die Erniedrigung zum Objekt der Mutter, daß das Kind nach seiner Wahrnehmung allein schon durch seine bloße Existenz, zu der die Schwierigkeit mit dem Schönschreiben gehört, geworden ist, kann es nur diffuse, nicht greifbare Angst entwickeln. Noch größer ist das kindliche Entsetzen darüber, daß seine ihm selber unerklärliche Unzulänglichkeit bereits ausreicht, der Mutter, der ganzen Quelle seiner Lebenssicherheit, offenbar erheblich zu schaden.

So folgt auf die Angst vor der Verlassenheit, dem Ungeliebtsein und der Degradierung zum Objekt der ersten Jahre die Angst vor dem Scheitern und Versagen in der Schule, begleitet von bereits tiefen Zweifeln am Wert der eigenen Person. Die öffentliche Angstanstalt Schule erfüllt eine wichtige gesellschaftliche Funktion. Den kleinen Menschen, die das fragwürdige Recht haben, sie zu besuchen, dient sie nicht. Das täte sie, wenn sie die Kinder lehren würde, Verantwortung für sich selbst und andere zu tragen. Eigenverantwortung muß jedoch am Schultor abgegeben werden. Hinter dem Schultor wird der verwaltete Mensch hergestellt. Der Vermittlung des Wissens unserer Gesellschaft ist sie auch nicht gewachsen, hinkt sie doch ständig um Jahre, ja manchmal Jahrzehnte hinter diesem Wissensstand her. Mit den Universitäten steht es auch nicht viel besser. Wer vor fünf Jahren Examen gemacht hat, kann ziemlich sicher sein, daß vieles, was er bis dahin gelernt hat, heute bereits überholt ist. Die Formen, wie Schule Wissen vermittelt, sind dazu geeignet, den natürlichen Wissensdrang und spontane Neugierde junger Menschen zu ersticken. Schulmodelle, die Kindern nicht schaden, wie die einst in den siebziger Jahren von einem italienischen Pfarrer in den Abruzzen gegründete »Scuola di Barbiana«, in der unter anderem die großen Schüler die kleinen freiwillig unterrichteten, gibt es nicht mehr, und gäbe es sie, würden sie ignoriert. Was soll also die Schule?

»Wir sind eine prüfungsveranstaltende und prüfungsbewußte Kultur«, sagt Psychologe Sarason. Geprüft wird, »ob das Kind den von der Gesellschaft, von den Lehrern und Eltern gesetzten Normen fähig ist zu entsprechen«. Diese Normen sind auf Angst aufgebaut und werden durch Angst vermittelt. Geprüft wird damit die Fähigkeit, Angst ertragen zu können und aus ihr Leistungen zu erbringen, deren Sinn man nicht zu erkennen vermöchte, hätte man die Chance, seinen Verstand zu benutzen. Die Chance, seinen Verstand zu benutzen, hat man aber nicht, weil alle ihn nicht benutzen und nichts in Frage stellen und weil wir bereits in diesen jungen Jahren Angst haben, anders als die anderen zu sein. Zu gut sind uns noch die angsterzeugenden Folgen der Isolation aus der vorschulischen Kindheit in Erinnerung, mit der man uns bestrafte, als wir nicht das taten, was die anderen, die in der Mehrheit oder mächtiger waren, von uns wollten.

Daß die Schule die Bezeichnung Angstanstalt verdient, verdeutlichen die nachfolgenden Erlebnisse, die jeder, der eine Schule besucht hat, so oder in ähnlicher Form auch erlebt hat:

A. W., 44 Jahre: »Ich bin in Hamburg zur Schule gegangen und habe das Kopfrechnen unter quälender Angst erlernen müssen. Oft habe ich nachts nicht schlafen können, wenn ich wußte, daß wir am nächsten Tag Rechenunterricht haben werden. Dann mußte sich die ganze Klasse vorn an der Tafel aufstellen, oder alle setzten sich auf die Tische. Anschließend gab die Lehrerin Aufgaben im Kopfrechnen, und wer sie am schnellsten und richtig gelöst hatte, durfte sich wieder auf seinen Platz setzen. Am Ende blieben immer ein paar hoffnungslose Gestalten übrig, die nicht schnell genug waren, und wanden sich unter den abschätzigen Blicken der besseren Klassenkameraden, während sie nicht minder abschätzige Bemerkungen der Lehrerin über sich ergehen lassen mußten.«

A.G., 33 Jahre: »Als ich ungefähr zehn Jahre alt war, hatten wir einen Lehrer, der die anderen Kinder auf einen Schüler hetzte, der nicht folgsam war. Die mußten ihn dann einfangen und zu ihm ans Pult schleppen. Anschließend wurde der schlimme Schüler vom Lehrer mit dem Rohrstock verprügelt.«

Geprüft wird außerdem noch eine weitere Fähigkeit, die in diesem Kapitel nur am Rande erwähnt werden soll, weil sie im neunten Kapitel ausführlich behandelt werden wird: die Fähigkeit, nur im Kopf zu leben und auf alles vom Halse abwärts zu verzichten, das heißt auf Sinnlichkeit (nicht zu verwechseln mit Sexualität) im weitesten Sinne, zu der die komplizierte Welt unserer Gefühle gehört, ohne die es nicht möglich ist, unser Dasein zu begreifen – im wahrsten Sinne dieser Worte.

An unseren Sinnen verstümmelt und schon eingeübt in Opportunismus oder Widerstand aus Angstvermeidung und Angstverleugnung, überfällt uns dann übergangslos die Angst vor Verantwortung, Liebesverlust, Liebesempfang und Zurückweisung in unserer Jugend, gefolgt von der Angst vor der Wiederholung unserer Jugendängste in unseren erwachsenen Jahren. Glauben wir uns in dieser Zeit endlich einigermaßen in Sicherheit, weil wir nun genügend Abwehr-Tricks in unserem Repertoire haben, die uns die Teilnahme am »Als-ob-Leben« garantieren sollen, überfällt uns die Angst, ausgesondert zu werden, die Angst vor Einsamkeit, dem Altwerden und dem Tod, wenn

47

uns die Angst bis dahin nicht schon hat tödlich erkranken lassen.

Unsere gesamte Erziehung, ja unser ganzes Leben ist eine hämmernde Aufeinanderfolge traumatischer, angsterzeugender Schmerzerlebnisse, die sich nur ertragen lassen, wenn wir sie laufend aus unserem Bewußtsein abspalten, bis wir von einem Gefühl des innerlichen Totseins beherrscht sind. In diesem unnatürlichen Zustand verliert nun auch der Tod in gewisser Weise seinen Schrecken. Denn wird das Leben, welchem er ein Ende setzt, selber als solches kaum mehr erfahren, dann ist es auch relativ gleichgültig, ob oder wann es endet. Mit dem schrecklichen Gefühl, kaum noch lebendig zu sein, findet man sich irgendwie ab, weil es noch weit angsterregender wäre, das Leben mit all seinen Konsequenzen zu ergreifen. Mit innerer Freiheit, mit intensiver Auseinandersetzung und mit Gefühlen können wir dann nichts mehr anfangen. Am Ende läßt sich auch der Tod anästhesiert überstehen.

Angst wird auf unterschiedliche Weise erlebt: frei fließend, auf Ersatzobjekte projiziert oder uneingestanden. Wie sie erlebt wird, ist auch abhängig von dem Geschlecht, dem wir angehören. Männer sind Angst als Tabu ausgesetzt und müssen sie uneingestanden erleben. Ihnen wird frei fließende Angst nicht erlaubt, und die Gesellschaft bietet ihnen jede Möglichkeit, Angst zu verleugnen, und belohnt diese Verleugnung mit vielem, was man *haben* kann. Dagegen wird es begrüßt, wenn Frauen Angst fühlen, solange diese nicht frei fließt und zur sozialen Auffälligkeit führt oder etwa zur bewußt empfundenen Angst wird, die man bewußt durchstehen kann und die so zur Freiheit führt. Eine ängstliche Frau stört einen angstver-

leugnenden Mann nicht bei seinen törichten Ersatzhandlungen und ist leicht zu kontrollieren. Mehr
noch: Eine ängstliche Frau ist dazu geeignet, daß sich
der angstverleugnende Mann im Gegensatz zu ihr als
»richtig« und stark, also als männlich empfindet und
aus dieser irrationalen Empfindung heraus bemüht
ist, sich mit der Beseitigung der vermeintlichen Ursachen ihrer Ängstlichkeiten beschäftigt zu halten. Män-
nerabhängige Frauen nennen dies: den Mann bei der
Stange halten.

Je näher aber ein Mensch seiner eigenen Angst steht,
um so größer ist seine Chance, sie herausfließen zu lassen und sie zu verlieren. Hierin liegt nicht nur die
große Potenz der Frauen, zu einem angstfreien Leben
zu finden. Ergriffen Frauen diese potentielle Chance,
wäre es unserer Gesellschaft gegeben, einen Weg aus
dem Unsterblichkeitswahn und in die Lebendigkeit zu
finden. »So paradox das klingen mag: Ängstlicher
wäre mutiger gewesen«, sagt Psychotherapeutin
Ingrid Hülsemann über Menschen, die in der »Wahrung des schönen Scheins von der Könnerschaft« gefangen sind. Sie setzt sich in ihrem Buch »Die geheimen Verbote« mit ethischen Konflikten auseinander
und vertritt die Ansicht, daß Angst und Mut zusam-
mengehören. Es läßt sich aber immer wieder beobachten, daß Angst beschwichtigt wird, sobald sie bei einem
Menschen offen, also erfahrbar ausbricht, und dies
nicht nur in Familien und unter Freunden, sondern
auch ganz professionell von Ärzten, Psychiatern und
Therapeuten. Ermutigung zur Angst finden wir fast
nicht.

Wer Angst hat, darf nicht beruhigt werden. Angst
kann erst aufgegeben werden, wenn man sie sich ein-
gesteht und in all ihrem Schrecken ungefiltert und un-

verbogen gefühlt hat, damit die Lebenslüge, die Verzerrung der Wirklichkeit, auf der sie basiert, erkannt werden kann. So ist der, der in Angstanfällen halb erstickt, der von Phobien gejagt wird und den finsteren Abgründen irrationalen Entsetzens ausgesetzt ist, dem Leben immer noch einen Schritt näher als der, den die Last der Angst nach oben steigen ließ, bis dort hinauf, wo er anderen Angst einflößt und sich der Illusion hingeben kann, seine eigene Angst nicht mehr zu spüren. Es ist zu überlegen, ob die geringere Lebenserwartung der Männer nicht auf die Uneingestandenheit von Angst zurückzuführen ist. Frei fließende Angst erzeugt vorübergehende Hysterie, das mag lästig sein; uneingestandene Angst erzeugt permanente Spannung, die gelindert werden muß, wenn man unter ihr nicht zusammenbrechen will. Zur Spannungslinderung wippt man mit den Füßen, trommelt mit den Fingern, raucht und ißt übermäßig, brüllt auf den Tribünen im Fußballstadion und anderen Sportstätten, flüchtet sich in Arbeit oder was wir gelernt haben als solche zu betrachten, quält andere Menschen mit Perfektionismus und Rechthaberei, foltert Tiere, mißhandelt Kinder und verprügelt und vergewaltigt Frauen. Aggression und ihre Eskalation in nackte Gewalt ist dabei lediglich eine Form der Angstabwehr, und daher wäre sie nichts Besonderes, wären da nicht ihre furchtbaren Auswirkungen. In Gewalt ausbrechende Aggression erzeugt Gegenangst, das heißt Gegengewalt: eine sinnlose Spirale, die Erziehungsheime und Gefängnisse füllt. Die Aussonderung gewalttätiger Menschen allein ist jedoch keine Lösung dieser Probleme, der Anstaltspsychologe nichts als zynisches gesellschaftliches Alibi.

Wem dient die Angst? Niemand empfindet Angst

oder das Gefühl des inneren Totseins als angenehm. Spätestens dann, wenn wir alt genug geworden sind, um unseren Peinigern zu entkommen, und sie keine wirkliche Macht mehr über uns haben können, könnten wir uns der uns ins Herz gepflanzten Angst vor dem Leben und dem Tod entledigen. Die Angst aufzugeben hieße, alle anderen in der Angst Verharrenden verlassen zu müssen, also Einsamkeit und Vereinzelung. Und davor haben wir Angst. Wir tun es nicht, denn die Angst ist alles, was wir haben. Wir haben begonnen, die Angst mehr als unser Leben zu lieben, wie wir auch ihre Verursacher lieben und sie weder als Täter und Erfüllungsgehilfen noch als Opfer anderer Angsterzeuger zu erkennen vermögen. Nur die Angst hat uns all das gelehrt, was wir nun können, hat die Welt geschaffen, in der wir leben und die uns vertraut ist. Wer wären wir ohne sie? So liegt das eigentliche Problem nicht in der Angst vor dem Tode, sondern in der Weigerung, sie aufzugeben.

Daß es schwer ist, die Ungewißheit der Freiheit zu ertragen, wenn man in einem Gefängnis aufgewachsen ist, leuchtet ein. Der griechische Freiheitskämpfer Alekos Panagoulis, der jahrelang in Einzelhaft mißhandelt und gefoltert worden war und diese Torturen lebend überstanden hatte, vermochte dennoch tagelang sein Gefängnis nicht zu verlassen, obwohl er befreit war und die Tür seiner Zelle weit offenstand. So handeln auch wir, die wir täglich mit Furcht und Schrecken leben und dies zu ertragen gelernt haben und uns daher höchstens noch größere Furcht und Schrecken aus der Ungewißheit erwarten.

Ungewißheit bringt uns um, im vertrauten Schrecken überleben wir immerhin irgendwie. So ziehen wir lieber gar nicht erst in Betracht, daß uns Flügel wachsen könnten, und sperren das Leben in eine Schachtel, in der Enge herrscht, einer nahen Wortverwandten der Angst. Wer Angst hat, befürchtet stets das Ärgste. Das macht uns zwar krank, aber brav.

Das Ärgste aber, daß es zu befürchten gibt – so hat man uns mit Hilfe der Angst gelehrt –, ist der Tod. Weil wir unsere Welt nunmehr durch unsere geliebte Angst und allein durch sie verstehen und begreifen können, sind unausweichliche Ereignisse wie Geburt und Tod dazu geeignet, uns in höchste Irrationalität zu stürzen, weil sie keine Flucht ermöglichen, wenn sie einmal wirklich werden. Dies kann zu äußerst sonderbaren Verhaltensweisen führen. Das folgende Beispiel zeigt ein solches sonderbares Verhalten, das man jedoch deswegen nicht für eine kuriose Ausnahme halten darf.

R.R., die 41jährige Mutter eines zweieinhalbjährigen Kindes, die ihr ganzes Leben lang unter unzähligen Formen der Angst litt: »Meine Angst vor der Schwangerschaft war grenzenlos. Da hat es einmal die Angst um mich selbst gegeben. Ich habe nicht geglaubt, daß ich es überstehe, weil ich panische Angst vor Schmerzen habe. Zum anderen war da die Angst, daß ich diese Veränderung in meinem Leben nicht meistere. Während der Schwangerschaft habe ich immer wieder an Selbstmord gedacht. Natürlich wollte ich nicht sterben, auch habe ich das Kind gewollt, aber meine Angst war so groß. Vor allem habe ich gewußt, daß ich die Geburt nicht ertragen würde. Deshalb wollte ich einen Kaiserschnitt. Als der Arzt mich kurz vor der Entbindung noch davon zu überzeugen versuchte, doch eine natürliche Geburt zu wagen, weil ich nach einem Kaiserschnitt viel mehr Schmerzen hätte, wäre ich fast in die Donau gesprungen in einem Gefühl der Ausweglosigkeit. Mit dem Verstand habe ich ganz klar erkannt, daß er recht hatte. Aber ich habe nicht anders gekonnt. Zwar hatte ich auch vor einer Operation eine Todesangst, aber wie es ist, operiert zu werden, kannte ich. Eine natürliche Geburt war eine unbekannte Erfahrung, und so habe ich mit einem Kaiserschnitt entbunden.«

Wir haben, wenn wir gebären oder selbst geboren werden, zwar das Erlebnis der Unausweichlichkeit, aber wir haben auch ein real erfahrbares »Danach«. Bei unserem Tode haben wir es nicht, zumindest wissen wir nichts darüber. Wenn wir es wissen, sind wir nicht mehr imstande, denen, die es noch nicht wissen, unsere Erfahrung mitzuteilen. Der Unausweichlichkeit dieses uns allen bevorstehenden Ereignisses begegnen wir neurotisch und wahnhaft. Ingrid Hülsemann: »Neurose (heißt) Verzicht auf Leben und so zu tun, als würde man ewig leben, als könne man alles immer noch einmal später tun.« Weil man sich dies beim Tod nicht einmal vormachen kann, ist die Angst um so größer, die dann um so nachhaltigere Folgen hat. Diese Todesangst führt auf direktem Wege über die Tabuisierung von Tod und Sterben zum Unsterblichkeitswahn, das heißt zu einer verzerrten Realitätswahrnehmung. Mehr noch: Sie läßt uns eine Art falscher Realität herstellen. Dazu gehört ein starres System an gesellschaftlichen Werten, die diese Bezeichnung eigentlich gar nicht verdienen, weil sie Un-Werte sind. Dazu gehört außerdem die Eliminierung und Erniedrigung all dessen aus unserem Erleben, das uns an Verfall und Vergehen erinnern könnte.

Zu den Un-Werten, die wir zu Tugenden erklärt haben, gehören vor allem Treue, Beständigkeit, Ordnung und das Streben nach Harmonie. Hinter diesen

Tugenden steht die Angst vor Veränderung und vor der Konfrontation mit der Selbstwerdung, die nur durch Offenheit für Konflikte erreicht werden kann. Die Umkehrung in Un-treue, Un-Beständigkeit, Un-Ordnung und Disharmonie ist dabei nichts als die Verneinung dieser Un-Werte. Deshalb sind sie nichts anderes als die andere Seite der gleichen Medaille. In der Verneinung noch liegt die Anerkennung der Existenz dieser vermeintlichen Tugenden und nicht ihre Nicht-Existenz. So ist eine Frau, die stolz darauf ist, ein Leben lang bei ihrem lieblosen Ehemann in Treue ausgeharrt zu haben, ebenso darauf hereingefallen wie der bindungsunfähige Don Juan, der die Nähe einer langwährenden Liebe nicht erträgt. Wer mit der Ordnung alle Lebendigkeit wegputzt, hat allenfalls sein steriles Inneres nach außen gestülpt und lebt damit in einem Museum der Erstarrung. Ersetzt man Ordnung durch Rhythmus, so erledigt sich das krampfhafte Erhalten von Harmonie ganz von selbst, das heißt, sie ist entweder da (dann genießt man diesen Augenblick des schönen Stillstands), oder sie ist nicht da (dann gerät wieder alles in Bewegung).

Kriterium dafür, was ein ethischer Wert ist, sollte die Beurteilung sein, inwieweit er dem Menschen innere Freiheit, wahre Freiwilligkeit und die Möglichkeit seelisch-geistigen Wachstums erlaubt. So gesehen sollte die Fähigkeit zur Trennung, zum Loslassen eine gesellschaftliche Tugend darstellen. Wer dies kann, bleibt aus freien Stücken beständig, solange es sinnvoll ist, und läßt los, sobald dies sinnvoll ist. So könnten wir lernen, uns auf den Tod vorzubereiten und, uns wieder im Rhythmus des Lebens wiegend, uns dem zyklischen Erleben zu öffnen, dem unsere ganze Welt, die wir Natur nennen, unterliegt.

Natur aber bedeutet Verfall, Vergehen und Neu-
werdung. Das rührt an unsere Todesangst, deshalb
hat sie für die am Unsterblichkeitswahn Erkrankten zu
verschwinden, und wo das nicht möglich ist, machen
wir sie zumindest unnatürlich, indem wir sie fast wie
echt nachbilden, also kastrieren oder noch gemeiner:
pflegen. In »Das Foucaultsche Pendel« von Umberto
Eco zeigt ein Tierpräparator dem Helden einen ausge-
stopften Waldkauz mit den Worten: »Sieht der Waldkauz nicht wie lebend aus?« Und Eco sagt: »Von nun
an würde ihm jeder lebende Waldkauz wie tot erscheinen.« Genau das wollen wir erreichen. Unsere Parks
und Gärten sehen alle aus, als wäre eine putzwütige
Hausfrau soeben mit dem Staubsauger hindurchgegangen. Da liegt kein Blatt, wo es nicht hingehört.
Warum betoniert man das Ganze nicht gleich und lak-
kiert es anschließend mit grüner Farbe? Das läßt sich
noch besser sauberhalten und kostet weniger. Und
auch der Wald entkommt uns nicht. Er wird gefegt.
Als 1990 ein orkanartiger Sturm in Europa für große
Mengen Bruchholz in den Wäldern sorgte, transpor-
tierten zusammengetrommelte Sammelkolonnen das
Holz ab, es durfte nicht liegenbleiben. Stadtverwaltun-
gen und ländliche Kommunalbehörden seufzten unter der Kostenlast. Was täte die Natur nur ohne uns?

Für unsere Kinder bilden wir die Natur im Zoo und
in Safari- und Freizeitparks nach. Die spitzesten
Schreie stoßen wir im Anblick von Disneyland aus.
Fast wie im echten Leben. Unsere Alten pflegen wir in
Altenheimen, unsere Behinderten in Behindertenhei-
men, unsere Kranken schirmen wir in Krankenhäu-
sern so sehr ab, daß wir sie nur in knapp bemessenen
Besuchszeiten sehen dürfen. Die neuerdings einge-
räumte Möglichkeit, Mütter von erkrankten Kindern

bei ihnen im Spital wohnen zu lassen, halten wir für etwas Besondereres und nicht für ein natürliches Grundrecht. Geht es sogar ganz unverblümt um den Tod, sind wir noch gründlicher. Die Wagen der Wiener Bestattung unterscheiden sich in unauffälligem Grau nicht von den Fahrzeugen der Wasser- oder Elektrizitätswerke. In ihnen werden die Toten abtransportiert, die vorher in Abstellkammern oder auf den Gängen der Krankenhäuser gestorben sind, denn angemessene Räume, in denen man in Ruhe Abschied nehmen und sterben darf, können wir nicht haben, wenn wir den Tod nicht anerkennen.

Zu unserem Trost haben wir in unserer Todesangst etwas anderes erfunden: die Hoffnung. Sie ist die Hure, die sich uns zu unserer Entlastung anbietet, getrieben von ihrem Zuhälter, der Enttäuschung. Diese treibt uns immer wieder in die Arme der Hoffnung. Diese beiden treiben ein unersättliches Spiel mit uns und kennen ihre Preise, die nicht niedrig sind. Es kostet uns nicht weniger als die Erfüllung lebendiger Erfahrung. Hoffnung macht uns passiv und unbeweglich. Sie verspricht uns die Zukunft, auf die wir starr unseren Blick gerichtet halten, so daß wir die Gegenwart mißachten und vernachlässigen. Daß wir der Hoffnung nicht auf die Schliche kommen, dafür sorgt schon unsere Angst. Und so halten wir Hoffnungslosigkeit für Resignation, Selbstaufgabe und Verzweiflung. Wir halten Hoffnungslosigkeit nicht für Freiheit.

Worauf hoffen wir eigentlich? Auf den Messias, den Erlöser, denn uns selber zu erlösen sehen wir uns außerstande. Erlöser gibt es nicht nur in der Religionsbranche. Für die eine ist es der Märchenprinz, für den anderen der Porsche. Jener hofft darauf, daß der

Lotto-Sechser seine Ehe und den Bandscheibenvorfall in Ordnung bringt, dieser auf einen neuen starken Führer ins Heil, nur nicht so ungeschickt wie Hitler. Wieder ein anderer hofft auf geistige Heilslehren, die ihm die definitive Antwort auf Fragen geben, die er nicht einmal allein im Dunkeln zu stellen wagen würde. Fänden wir eine Antwort – was könnten wir damit schon anfangen? Fänden wir einen Erlöser – was nützt er uns, wenn doch das eigene Leben selbst gelebt werden muß? Mit keiner echten Antwort wären wir je zufrieden, macht sie doch die Arbeit an uns selbst zur Bedingung. Die Hoffnung flüstert uns immer wieder neue Fragen ein. Stets hoffen wir kindlichen Gemüts auf ein Wunder und darauf, daß Kelche aller Art an uns vorübergehen mögen. Einstein sein wollen wir wohl, Einstein werden aber nicht.

Der griechische Dichter Nikos Kazantzakis war zeit seines Lebens auf der Suche nach einem Erlöser, denn er war ständig von der Angst vor dem Tode gejagt. Auf seinen Reisen durch die kretische Heimat, durch Griechenland und Europa fand er immer neue Erlöser. In den griechisch-orthodoxen Klöstern begegnete er Jesus. In Paris fand er die Lehren Friedrich Nietzsches. In Wien suchte er Buddha und in Berlin fand er Lenin. In der Hoffnung auf Antwort stieß er immer wieder auf dieselbe Botschaft: Vergiß die Hoffnung. In seinem Buch »Rechenschaft vor El Greco« läßt er in einem imaginären Dialog Friedrich Nietzsche wieder auferstehen, der ihm sagt:

»Und du Feigling läßt dich heimlich berauschen in den Tavernen der Hoffnung, in den Kirchen. Du verneigst dich und betest den Nazarener an und streckst wie bettelnd deine Hand aus: Herr, errette mich! Geh allein deinen Weg, geh weiter, gelange zum Äußersten. Am Ende wirst du den Abgrund finden. Schau hinein. Nur das verlange ich von dir, den Abgrund anzuschauen, ohne von Panik ergriffen zu werden. Nichts anderes gebiete ich dir. Das habe ich auch getan, doch mein Geist hat es nicht ausgehalten, geriet in Verwirrung. Halte du deinen Geist fest, übertriff mich!«

Am Ende dieses Buches und am Ende seines Lebens kommt Odysseus als Gefährte zu Katzantzakis, und der Dichter läßt ihn sagen:

»Du bist erlöst von der Erlösung, das ist die höchste Leistung des Menschen; dein Dienst bei der Hoffnung und der Furcht ist zu Ende, du beugtest dich über den Abgrund und sahst das umgekehrte Abbild der Welt, ohne zu erschrecken.«

Wer in den Abgrund geschaut hat, kann endlich alle Hoffnung fahren lassen. Erst danach wird sich das Wunder ereignen, das wir anderswo gesucht haben. Es heißt Zuversicht.

4. Kapitel

Die Erde ist kein Ort der Geborgenheit

Die Angst vor dem Tod ist auch die Angst vor einer katastrophalen, destruktiven Macht, die uns überfällt und der wir ohnmächtig gegenüberstehen, eine Angst vor dem Formlosen, aus dem wir kommen und in das wir gehen, unkontrollierbare Anarchie, die wir bekämpfen, indem wir die Illusion der Ordnung dagegensetzen. Aber die Erde ist kein Ort der Geborgenheit und Sicherheit. Die Welt ist eine Wolke mit Blitz und Wind geladen, und wir sind ihr ausgesetzt.

Das Chaos ist immer und überall und war beileibe nicht nur am Anfang des Universums da, bis Gott mit einem Knall Ordnung in die ganze Angelegenheit brachte. Diese Vorstellung von der Welt und ihrer Entstehung ist aus Angst und Schrecken geboren. Wer nur Angst und Schrecken kennt, muß dies im scheinbar ungeordneten Chaos erblicken. Er wird darin keine kreative Fruchtbarkeit erkennen können. Er braucht Sicherheit gegen unberechenbare Bedrohlichkeit und kommt ohne eine übersichtliche Ordnung und Kontrolle nicht aus; die sollen die Unwägbarkeiten ausschalten. So ist in Abwendung von der Wirklichkeit die Sucht nach Sicherheit entstanden, die in letzter Instanz einzig und allein der Tod zu erschüttern vermag. Dieses Wissen aus unserem Bewußtsein zu entfernen ist uns jedoch ein Anliegen.

Wir haben eine von Ordnungsvorstellungen geprägte Weltsicht. Mit ihr betrachten wir die Natur und erklären uns die Welt auf der Suche nach Schutz vor dem Leben. Seit der griechischen Antike, seit Galilei, Kepler und Newton suchen wir nach den Gesetzmäßigkeiten des Universums, um es verstehen und diese Gesetzmäßigkeiten zu unserer Sicherheit manipulieren zu können. Das ganze Universum eine ideale Maschine. Und der Mensch am Steuer des Raumschiffs Erde. Die vielen Ausnahmen und Abweichungen von den strengen Gesetzen erklärte man stets damit, daß sie auf noch nicht gefundenen und daher erst später erklärbaren Gesetzmäßigkeiten beruhen. In diesem Weltbild gibt es keine Entwicklung und keine Änderung, die nicht vorhersagbar und nicht berechenbar ist. Gleiche Ursachen haben gleiche Wirkungen, so haben wir es gelernt. Erste Erschütterungen fügten Einsteins Relativitätstheorie und Plancks Quantentheorie dieser mechanistischen und deterministischen Sicht bei. An unserer von Ordnungsvorstellungen geprägten Weltsicht haben Relativitätstheorie und Quantentheorie nicht viel geändert. In unser Denken haben sie immer noch nicht Einzug gehalten. Das ist, als glaubten wir immer noch, der Klapperstorch bringe die Kinder. Nun stellte der aus Polen stammende Mathematiker Benoit B. Mandelbrot die »Chaos-Theorie« auf, und es scheint, als hätte die klassische Wissenschaft mit den Gesetzmäßigkeiten nur die Ausnahmen entdeckt und diese als Inseln des Regelmäßigen inmitten des Chaos zum Gerüst der Welt erklärt, wie es der Wissenschaftsphilosoph Wolfgang Krohn und der Physiker Günter Küppers sehen. Vereinfacht beruht die Chaos-Theorie darauf, daß derselbe Ausgangspunkt bzw. dieselbe Ursache ganz unterschiedliche, nicht berechenbare Wirkung hat, weil Ursachen niemals identisch sind durch minimalste, nicht mehr meßbare und von uns nicht mehr wahrnehmbare Unterschiede. Am Beispiel der Arbeit von E.N. Lorenz, der mit Hilfe von Computern die Eskapaden des Wetters studierte, läßt sich dies anschaulich erklären. Er fütterte eines Tages seine Computer mit identischen Anfangswerten und stellte anschließend fest, daß sich trotzdem völlig verschiedene Wetterverläufe daraus entwickelt hatten. Nachdem er überprüft hatte, daß dies nicht auf einen Fehler im Computer zurückzuführen war, stellte sich heraus, daß er immer wieder und jedesmal bei gleicher Ausgangsbasis zu anderen Ergebnissen kam; niemals gab es ein Ergebnis zweimal. Die Unberechenbarkeit war auf eben jene erwähnten minimalen, für uns nicht mehr wahrnehmbaren, aber für den Computer meßbaren Unterschiede der Ausgangsbasis zurückzuführen. So kann also buchstäblich hier der Flügelschlag eines Schmetterlings dort das Wetter ganz drastisch verändern. Wenn nach der Chaos-Theorie bereits kleinste Ursachen große und nicht berechenbare Wirkung haben, so ist äußerste Achtsamkeit im Umgang mit unserer Welt angebracht, was die Buddhisten schon seit Jahrtausenden lehren. Dies bedeutet aber außerdem, daß der einzelne Mensch trotz seiner Machtlosigkeit zuversichtlich sein kann, durch seine Lebensweise positiv zum Schicksal unseres Planeten beitragen zu können. Nichts ist sicher, nichts berechenbar, aber alles ist möglich. Das ist unsere Welt.

Wir aber schaffen Ordnung, damit wir uns vor der Welt sicher fühlen können. Unser Feind heißt Freiheit. Dem Chaos haben wir den Kampf angesagt, dazu haben wir eine gewaltige Sicherheitsmaschinerie aufgebaut und sind zu unmündigen, lebensuntüchtigen Sklaven geworden, die als Folge unserer selbst herbeigeführten und gewollten Unterdrückung zur bösartigen Spezies auf der Erde avanciert sind. Wir brauchen schon deshalb keine weiteren Bomben, weil wir die gefährlichste bereits haben. Sie geht auf zwei Beinen.

Auch der Mensch ist Natur und muß daher bekämpft werden. Wenn wir vor ihm sicher sein wollen, müssen wir ihm die Last der Verantwortung für sich abnehmen, ihn unterwerfen, regieren, erziehen, reglementieren, kontrollieren, führen und ihm sagen, was er darf und was er nicht darf; vor allem, was er nicht darf. Dafür haben wir Moral, Konvention, die Pflicht und das Gewissen erfunden und für den Fall, daß diese versagen, die Gesetze. Diese werden durch Instanzen durchgesetzt. Die Instanzen sind die Familie, die Nachbarn, die Schule, die Kirche, die Partei, die Firma und über allem der Staat und die Gesellschaft. Diese Instanzen sind vor allem aber für den gelernten und geübten Verantwortungsflüchter immer die anderen. Man kann ihm keinen Vorwurf machen. Wenn wir auf die Welt kommen, werden wir in diese sicherheitsbestimmte Welt der Instanzenhierarchie hineingeboren, die uns vom ersten Augenblick an verwaltet. Es kommt uns so vor, als hätte es sie immer schon gegeben. Und bevor wir noch sprechen können, haben wir uns schon an den Gehorsam gewöhnt, ohne zu verstehen. So fragen wir auch später nicht, um die Ordnung nicht zu stören, die uns wie natürlich gewachsen erscheint, und kommen gar nicht auf die Idee, daß auch die anderen nicht verstehen, was sie eigentlich tun und wie es dazu gekommen ist, daß sie so leben, wie sie leben.

Klaglos reihen wir uns dann ein in das Heer der furchtsamen und dankbaren Sklaven. Wir erlernen einen Beruf, damit wir einen sicheren Arbeitsplatz bekommen. Der gibt uns die Sicherheit eines regelmäßigen Einkommens. Mit diesem zahlen wir unsere Lebensversicherung, die Krankenversicherung, die Unfallversicherung, die Invaliditätsversicherung, die Hausratversicherung, die Haftpflichtversicherung für Auto und Familie. Wir sichern dem Staat einen weiteren Anteil zu und versichern uns gegen Arbeitslosigkeit, falls sich unser Arbeitsplatz als doch nicht so sicher herausstellt. Wir sichern schon jetzt den Lebensabend, damit wir später, wenn wir zwar frei, aber zu alt sind, um mit dieser Freiheit noch ein Sicherheitsrisiko zu sein, auf ein sicheres Einkommen nicht verzichten müssen. Welchen Beruf wir erlernen, machen wir davon abhängig, wie sicher der zukünftige Arbeitsplatz ist, und nicht davon, wie sinnvoll diese Arbeit ist. Nach dem Sinn unserer Pflichten zu fragen passiert uns ab und an schon einmal. Zu Konsequenzen führt dies aber nicht, denn gegen die ganze Welt zu kämpfen, wem käme das in den Sinn?

Die einzige wirklich uns auferlegte Pflicht vernachlässigen wir dabei sträflich. Der ägyptische christliche Theologe Henri Boulad bezeichnet die eigene innere Freiheit als einzige wirkliche Pflicht: »Die Freiheit wurde uns gegeben, damit wir sie in unsere Hand nehmen und anwenden lernen. Wir haben kein Recht, auf diese Freiheit zu verzichten; auch wenn sie ihr Gewicht hat. Wir müssen dieses Risiko eingehen und die Verantwortung der Freiheit auf uns nehmen – mit allem, was dazu gehört. Der Mensch muß erkennen, daß er nicht das Recht hat zuzusehen, wie ihm seine Freiheit durch die Finger gleitet und letztlich von einer kleinen Klasse Technokraten verwaltet wird.«

Wir glauben, daß keine Gesellschaftsordnung jemals so frei war wie die unsere, die wir Demokratie nennen. Es ist uns verfassungsmäßig garantiert, daß wir tun, denken und sagen können, was wir wollen. So gesehen ist uns Freiheit garantiert. Wie es ist, wenn diese Freiheit nicht gewährt wird, wissen die Älteren von uns noch aus der Zeit des Nationalsozialismus, und die Jüngeren haben es im real existierenden Sozialismus erlebt oder mit angesehen. Natürlich hat auch in den Demokratien der westlichen Industrienationen unser Handeln, Denken und Sagen seine unsichtbaren, aber nachhaltigen Grenzen und unterliegt subtilen Zensuren. Dennoch haben wir in diesem Sinne unmißverständlich mehr Freiheit als je ein Gesellschaftssystem zuvor. Frei sind wir aber dennoch nicht. Die »freie« Wirtschaft ist zu keiner Zeit frei gewesen. »An jenem freien Spiel der sozialen und ökonomischen Kräfte sind optimal 10 bis 15 Prozent der Bevölkerung beteiligt, da alle anderen in einem abhängigen Lohnverhältnis stehen, das ihnen die Entfaltung ... überhaupt nicht erlaubt« (Gerhard Szczesny in: Das sogenannte Gute).

Die Gemeinheit besteht darin, daß Gesellschaften wie die unsere den Begriff der Freiheit so verstehen, daß es die Freiheit ist, alles haben zu dürfen: Wir dürfen eine Meinung haben und wir haben Freizügigkeit. Die einzig erfüllende Freiheit – die innere Freiheit – stünde dem im Wege und muß verhindert werden. Wer nicht mehr an Besitz und Konsum glaubt, nimmt sich die Freiheit, nicht mehr am Arbeitsplatz zu erscheinen, und leistet mutig Widerstand, indem er einfach nicht mehr mittut. In diesem Sinne müssen wir zu Sklaven gemacht werden, soll die auf vermeintlicher Sicherheit beruhende Gesellschaft nicht zusammenfallen wie ein Soufflé an der Zugluft.

Was die Klasse der Technokraten, was Versicherungen, Verträge und Gesetze nicht zu erreichen vermögen, schaffen Sitte und Konvention mühelos. DAS

MACHT MAN SO. Dieser Satz begleitet uns durch unser ganzes Leben. Wie absurd das ist, was man so macht, soll ein harmloses Beispiel erläutern, das die amerikanische Autorin Nancy Friday in ihrem Buch »Wie meine Mutter« beschrieb: Nancy Friday war bei einer Freundin zu Besuch, die einen gebackenen Schinken zubereitete. Dazu schnitt diese Freundin an beiden Seiten des Schinkens ein Stück ab. Von Friday nach dem Sinn befragt, sagt sie, das sei in ihrer Familie so Tradition, sie habe es von ihrer Mutter gelernt, daß man einen gebackenen Schinken so zubereiten müsse. Nun war Friday neugierig geworden. Man befragte die Mutter der Freundin. Diese erzählte, das habe sie von ihrer Mutter so gelernt. Man befragte nun auch die Großmutter, die dieselbe Antwort gab. Glücklicherweise lebte die Urgroßmutter noch, und so befragte man auch diese. Sie lachte und erzählte, daß sie einst einen gebackenen Schinken für ihre kleine Tochter habe zubereiten wollen. Leider sei die Pfanne für den Schinken zu klein gewesen, und so habe sie an beiden Seiten ein Stück abschneiden müssen.

Wir beschneiden den Menschen in seiner Entfaltung ebenso, ohne uns bewußt zu sein, daß wir nach längst überholten Prinzipien handeln; wir kennen den einstigen Sinn dieser Prinzipien nicht noch wissen wir überhaupt, daß wir Leben beschneiden. Wir leben alle immer in der Welt unserer Großeltern.

Die Eindämmung des natürlichen Menschen hat grausame Folgen. Wer Sitte und Anstand verletzt oder sich über Konventionen hinwegsetzt, hat mit schärfsten Strafen zu rechnen. Darüber lassen wir den härtesten Richter entscheiden, den es gibt: uns selbst. Der Delinquent wird Schuldgefühle entwickeln, wird sich selber hassen, er wird Scham empfinden, sich verachten und windet sich im Ekel vor sich selbst. Vor allem zwei Institutionen halten sich für kompetent, Sitte, Moral und Konvention zu überwachen und den Delinquenten zu befähigen, zum eigenen Richter zu werden: die Kirche und die medizinische Wissenschaft. Dabei ist der medizinischen Wissenschaft der Vorwurf der Unseriosität zu machen, da die Machtpolitik der Kirche sich im diffusen Bereich von Dogma und Glauben bewegt, die Medizin aber als Wissenschaft den Anspruch erhebt, sich auf nachprüfbare und beweisbare Fakten zu berufen. In seinem Buch »Der aufgeklärte Eros« zeigt Alex Comfort, was der amerikanische Mediziner Lorand 1925 zur Eindämmung der menschlichen Natur ganz wissenschaftlich beizutragen wußte. (Die Kirche hat das schon 1642 gewußt. Der Text hätte auch von Sinibaldus stammen können, wie Comfort schreibt.) »Zu häufiger Geschlechtsverkehr nimmt den Drüsen ihre Lebenskraft und wird, selbst bei jungen Leuten, zu einem vorzeitigen Altern führen. Wie schon erwähnt, können auch junge Mädchen auf diese Weise schon frühzeitig Alterserscheinungen bekommen. Nach kurzer Zeit werden sie dick und aufgedunsen, ihre Gesichtszüge verlieren das jugendliche Aussehen, sie bekommen Hängebacken ... Es besteht ein auffallender Unterschied zwischen der Muskulatur eines jungen, unberührten Mädchens und einer Frau, die einige Zeit lang ein ausschweifendes Leben geführt hat. Sie wird immer krank aussehen – was eine augenscheinliche Lehre sein sollte ...!« Dies ist keine Kuriosität aus lang vergangenen, unwissenden Zeiten und fußt nicht auf dem damaligen Wissensstand der Medizin. Die Ansicht, daß Masturbation zu Rückenmarkschwund, Verblödung und Siechtum führe, hat noch bis in die sechziger Jahre so mancher Mediziner jungen Heranwachsenden als wissenschaftlich erforscht zu verkaufen versucht. Einfacher ausgedrückt: Wer zu leben wagt, der stirbt. Dem auf derart tiefgreifende Weise überzeugten und mit einem zuverlässig arbeitenden Gewissen ausgestatteten Menschen bleibt nun gar nichts anderes mehr übrig, als sich vom goldenen Glanz einer sauberen moralischen Haltung bescheinen zu lassen und dazwischen in die Keller der Heimlichkeit hinabzusteigen, wo er all das, was man nicht tut, und was doch Natur ist, verzerrt und pervertiert dennoch zwanghaft, das heißt ohne Zutun seines Willens, tun muß. Je starrer und subtiler die Vorschriften, um so bizarrer das heimliche Tun. Oder aber er bringt erst die Natur in sich selber und dann andere Menschen psychisch und körperlich um. Da ist der Unterschied zwischen dem dumpfen Miesling, der seiner Frau die Zähne ausschlägt, und dem raffinierten Nekrophilen, der lebendige Frauen seelisch ganz langsam, aber genußvoll abtöten muß, nur graduell und macht, was den Grad der destruktiven Verwüstung angeht, letztlich keinen Unterschied. Im ersten Fall endet die Betroffene vielleicht zahnlos sabbernd mit der Wermutflasche im Park, im zweiten möglicherweise zitternd stammelnd in der Psychiatrie. Oder umgekehrt. Es ist eine Überlegung wert, wieso die Zahl der praktizierenden Therapeuten und Lebenshelfer in den letzten zwanzig Jahren in den westlichen Industrieländern progressiv immer höher wird, obwohl sich seit den Zeiten Sigmund Freuds die einengenden moralischen Vorstellungen, die ursprünglich für seelisches Leiden ursächlich verantwortlich gemacht worden waren, bemerkenswert gelockert haben.

Unsere Ordnung erweist sich als Trugschluß. Wir

können die Natur in uns – Sexualität, Liebe und Tod – unter Vernunft und Disziplin begraben. Aber wir können sie nicht zum Verschwinden bringen. Unter Sitte und Konvention, noch unterhalb von Vorsicht und Angst fließt ein Strom von sinnlicher und schöpferischer Kraft. Dieser uns unbekannt gewordene Strom tritt immer wieder über seine kanalisierten Ufer, hier entladen sich Blitz und Donner. Die Kollisionsstellen mit unserem Bewußtsein und der Gesellschaft sind Kunst und Wahnsinn, aber auch Gewalt und Krieg. So strömen diese besiegt geglaubten Kräfte wieder in den Menschen zurück, dringen in ihn ein und machen ihn zum zivilisierten Wilden. Im Gegensatz zum echten Wilden ist der zivilisierte Wilde ein bösartiges, kulturloses Lebewesen und keineswegs nur der »Idiot der Schöpfung«, wie der Wiener Publizist Günther Nenning meint.

Die dumpf aus diesem sinnlichen Strom aufsteigenden Signale muß er mit Haß niederkämpfen, denn sie erinnern ihn daran, daß er kein anständiger Mensch sein kann, Sitte und Konvention also Lug und Trug sein müssen. Diesen Haß richtet er blind auf alles, was geeignet ist, diesen Haß sich entladen zu lassen. Das ist in der Regel alles, was sich ungehindert aus diesem Lebensstrom speist, und jeder, der die an sich selbst abgelehnte Sinnlichkeit hat oder vermutlich haben könnte. Er haßt Juden, und wenn er Jude ist, haßt er Araber und manchmal auch sich selbst. Er haßt Ausländer vor allem dann, wenn man ihnen ihre Abstammung ansieht, sie also aus Ländern kommen, von denen man vermutet, daß man dort noch animalisch mit der Sinnlichkeit umgeht. Er haßt Frauen, und wenn er eine Frau ist, haßt er auch sich selbst. Er ist kinderfeindlich und sadistisch zu Tieren. Er ist ohne Mitleid und kann nicht lieben. Irgend etwas zum Hassen findet er immer, und wenn es die Verbrecher sind, für die er ausnahmslos die Todesstrafe fordert. Er hält sich für einen guten Menschen und kann sich gar nicht vorstellen, wie andere, schlechte Menschen es nur fertigbringen, so schlecht zu sein. Er spendet durchaus für wohltätige Zwecke. Der zivilisierte Wilde ist leicht zu erkennen. Er sieht aus wie du und ich. Er hat gute Manieren und ist ordentlich, gesellschaftlich gehorsam und pflichtbewußt, ob er nun einst als Wächter in einem Konzentrationslager arbeitete oder heute ein herzloser Bürokrat ist; ob er sein eigenes Kind sexuell mißbraucht oder fremde Kinder zerbricht, statt sie mit Freude zu unterrichten; ob er als Politiker wissentlich lügt und an Waffenschiebereien verdient oder Betreiber eines Atomkraftwerks ist oder als Gewerkschafter für sichere Arbeitsplätze im Atomkraftwerk kämpft und immer nicht nur seine Pflicht tut, sondern sich für die anderen aufopfert. Er ist tagsüber ein guter Geschäftsmann und nachts winselnder Sklave einer Domina. Wenn er keine Macht hat, dann läßt er wenigstens ab und an die Sau heraus (und hier wäre eine Entschuldigung an die wunderbaren und intelligenten Schweine angebracht). Ob als starker Mann, der sich seiner Schwäche und Lebensuntüchtigkeit nicht schämt und statt dessen seine Frau ausbeutet, der die schöne Aufgabe zukommt, einen solchen Nichtsnutz unverdrossen ständig seelisch aufzubauen und ihm zu essen zu geben. Ob als Frau, die dieser schönen Aufgabe gern nachkommt und gar nicht will, daß der Mann erwachsen wird, weil sie ihre ganze Existenzberechtigung nur in der Versorgung von ihm und in seinem Wohlbefinden sehen kann. Ob als Hooligan auf dem Fußballplatz oder als Tourist im sonnigen Süden, wo er jovial Glasperlen an die Eingeborenen verteilt und bedenkenlos fremde Natur und fremdes soziales Gefüge zerstört – mal als Pauschalreisender, mal alternativ mit dem Rucksack auf dem Rücken. Er ist auch daran zu erkennen, daß er all dies liest und der Ansicht ist, daß es ihn nicht betrifft. Es sind Millionen nicht gelebter Leben, Millionen Menschen, die sich voller Angst und Haß in Sicherheit gebracht haben.

Die einzige Antwort auf die Störungen durch den Lebensstrom und seine Ergebnisse sieht der zivilisierte Wilde in noch mehr Sicherheit. Aber im Kampf gegen das lebendige Chaos verliert unsere Sicherheits-Maschinerie Zug um Zug wie in einem Schachspiel mit einem unbesiegbaren Gegner. Jedes Sicherheitssystem ist zu entsichern und blockiert Lebensenergie in der Angst vor dem Verlust der Sicherheit. Das zwingt uns, in diesem Schattenspiel gegen das Leben mit dem Einsatz immer höher zu gehen, bis es bald um alles oder nichts geht. Wir machen alle mit. Um den Preis von Titeln und Ehrenämtern, um den Besitz von Vorzimmerdamen und PS-starken Autos, um ein Lob vom Chef, um Beförderung, um Geld, um Ruhm, um eine Idee, ein Geschäft, um Anerkennung – darum, daß aus uns Niemands endlich Jemand wird. Wir wissen alle, daß es eine Schein-Welt ist, wir sind nicht dumm. Aber da draußen lauert etwas Schreckliches, Entsetzliches, dem wagen wir nicht ins Gesicht zu schauen. Wir kennen es noch alle gut aus der Kindheit, als es unter dem Bett hauste und nur darauf wartete, daß wir unsere bloßen Füße auf den Boden setzten. Es ist die Welt in ihrer Vielfalt und Mühsal. Es ist die Freiheit, es ist das Leben, es ist der Tod.

Manchmal steigt eine Ahnung in uns auf, wie es sein

könnte. Dann fühlen wir Sehnsucht nach etwas Unbestimmtem. Da möchten wir dann an der äußersten Spitze einer Felsklippe stehen, im pfeifenden Wind, in den Ohren das Toben des Meeres, bis uns das Leben schüttelt im Lachen und in Tränen. Da möchten wir lebendig sein.

Es ist nur ein Schritt bis in den tobenden Wind hinaus. Nur ein Schritt, der uns vom Leben trennt. Mancher tut ihn erst, wenn er im Sterben liegt. Da wird ihm die Nichtigkeit seines Bedürfnisses nach Geborgenheit und Sicherheit bewußt, und er muß erkennen, daß dieses Bedürfnis niemals erfüllt werden kann. Er muß in den Sturm hinaus. So manchem Unglücklichen nehmen wir auch diese letzte Chance, indem wir ihn eines plötzlichen oder gewaltsamen Todes sterben lassen, indem wir ihn einen unwürdigen Tod ohne Liebe und ohne Vorbereitung sterben lassen, indem wir ihn daran hindern, seinen Tod wahrzunehmen. Wir bekommen das Geschenk des Lebens in all seiner Fülle und Freude nur um den Preis des angenommenen und akzeptierten Todes, und darin liegt des Lebens unendliche Güte. Er stutzt uns Menschen auf ein erträgliches Maß zurück, denn in seinem Angesicht erhält die ganze Illusion der Sicherheit, der Maßregeln und Konventionen die Bedeutung, die sie hat: keine.

Wir müßten diesen Schritt nicht einmal alleine tun. Wir sind so viele in diesem großen Traum, »den jenes Eine Wesen, der Wille zum Leben, träumt: aber so, daß alle seine Personen ihn mitträumen. Daher greift alles ineinander und paßt zueinander«. Der Vorhang, der vor dieser Erkenntnis Arthur Schopenhauers hängt, lüftet sich manchmal an manchen Zipfeln und fassungslos spähen wir auf dieses gewaltige kosmische Drama, »in dem das Schicksal des einen zum Schicksal des anderen paßt und jeder der Held seines eigenen, zugleich aber auch der Figurant im fremden Drama ist«.

Es scheint, als wollten wir alle in diesem Drama die Rolle des dummen Tanzbären spielen, der auch noch Regie führen will, und wir verkennen, daß das Spiel nur dann ein schönes sein kann, wenn es verschiedene Rollen gibt und es irgendwann einmal zu Ende ist. Von der Regie lassen wir besser die Finger. Das Spiel ist zu unübersichtlich. Der Regisseur ist keiner von uns. Wir kennen ihn in Wahrheit nicht. Vielleicht wünschen wir uns einen besseren, aber daß wir unsere Rollen so schlecht ausfüllen, ist wahrlich nicht seine Schuld. Er hat für alles gesorgt. Und während wir glauben, noch über den Vertrag verhandeln zu können, und ohne gewisse Sicherheiten nicht bereit sind, aufzutreten, hat das Spiel längst begonnen. Es spielt im ungeschützten Freien. Der Verlauf der Handlung und ihr Ende sind ungewiß.

5. KAPITEL

Lieber tot als Tod

Wir leben in einer dem Glück und der Technik verschriebenen Gesellschaft, in der der Tod den einzelnen Menschen als ein Unglück wie aus dem Hinterhalt überfällt. Wir lernen, daß jeder Mensch Anspruch auf Glück hat. Das Glück hat noch nicht lange Bedeutung in der Geschichte der Menschheit. Glück gewann in dem Maße Bedeutung, in dem der Tod aus unserem Bewußtsein verbannt wurde. Es wurde zum Lebensersatz. Über die historische Entwicklung des Unsterblichkeitswahns wird im siebten und achten Kapitel ausführlich berichtet werden. An dieser Stelle geht es um die Frage, wieweit und warum uns das Leben zu einem Surrogat geraten ist, in dem Ersatzhandlungen unser getrübtes Bewußtsein beschäftigen und uns davon abhalten, die wirklichen Probleme zu lösen.

Privates Glück als höchstes Gut in der dauerhaften Erfüllung individueller Lust war die moralphilosophische Lehre Epikurs. Auf diese Lehre baut das positivistische Denken auf, das empirisch belegbare Tatsachen und rationale wissenschaftliche Theorien als einzigen Weg der Wahrheitsfindung anerkennt und die Metaphysik, die Lehre vom Sein, als nicht beweisbar und daher nicht existent zurückweist. Wenn nur das wirklich ist, was positivistisch beweisbar ist, ist der Tod das Ende im Nichts, bleibt am Ende nur der Zerfall in stinkende Verwesung. Das sind trübe Aussichten, die man mit der Jagd nach dem Glück überdeckt, ein Lebenszuckerl. Es ist das Merkmal der modernen

Demokratie, daß sie allen das Recht auf ein glückliches Leben zugesteht und nicht nur einer kleinen Schicht Privilegierter. Glücklichsein ist uns der erstrebenswerte Zustand. Unglücklichsein oder Leid ist der zu vermeidende Zustand. Der Tod ist das größte Unglück und der am meisten zu vermeidende Zustand. Vom Unglück betroffene Menschen werden aus der Gemeinschaft ausgeschlossen und gemieden. Sie sind stigmatisiert. (Jeder ist seines Glückes Schmied. Ein Unglück kommt selten allein. Wir wollen uns nicht infizieren.) Sterbende muß man ganz besonders gut verstecken, damit uns der Anblick der rettungslos Verlorenen nicht deprimiert. So ergibt sich also der Zwang zum Glücklichsein, will man nicht auch zu denen gehören, die aussortiert am Rande stehen.

Fragt man jedoch einmal herum, wann wer zum letztenmal so richtig glücklich war, so stellt sich heraus, daß die meisten Menschen erst gründlich nachdenken müssen und sich dann höchstens an wenige Glücksmomente in ihrem Leben erinnern können, wenn überhaupt. Wodurch ein Mensch glücklich ist, ist eine noch ungenauere Sache.

Folgende Antworten von willkürlich Befragten zeigen, wie sehr Anspruch und Realität auseinanderklaffen. Keiner der Befragten lebt in Not, ist körperlich krank oder befindet sich in einer akuten Krise. Alle leben in eher »gehobenen« Verhältnissen:

R.R., 41 Jahre, Sachbearbeiterin:
»Das weiß ich nicht mehr. Vielleicht vor drei Jahren für eine kurze Zeit, als ich H. kennenlernte.«

A. S., 14 Jahre, Schülerin:
»Heuer am Ende des Schuljahres auf dem Klassenabschlußfest. Ich war in meinem Leben mittelmäßig häufig glücklich.«

E.-M. R., 72 Jahre, Pensionistin:
»Das weiß ich nicht. Ein wirkliches Glücksgefühl hatte ich Jahrzehnte nicht.«

B. R., 23 Jahre, Studentin:
»Das kann ich wirklich nicht sagen. Es gab schon Situationen, aber ich kann mich im Augenblick nicht erinnern. Ich glaube, jeder hat die Sehnsucht nach dem großen, unsagbaren Glück. Darauf warte ich, glaube ich, noch.«

Das Glück als Gipfelerlebnis und Höhepunkt, das Glück als Wunscherfüllung stehen im krassen Gegensatz zur Freude. Glück ist ein Zustand des Habens, Freude einer des aktiven Seins, wie Erich Fromm in seinem Werk »Haben oder Sein« darlegt. Freude ist »eher ein Plateau, ein emotionaler Zustand, der die produktive Entfaltung der essentiellen Fähigkeiten des Menschen begleitet« (Erich Fromm). Permanentes Glück wäre als solches nicht mehr wahrnehmbar.

Die essentiellen Fähigkeiten des Menschen sind zu leben und zu lieben. Dem vom Unsterblichkeitswahn befallenen Menschen bringt erst eine lebensgefährliche Erkrankung und der bevorstehende Tod wieder ins Bewußtsein, daß er auf der Jagd nach dem Glück die Verbindung zum Leben verloren hat, indem er die Freude verloren hat, die die Quelle unserer Lebensenergie ist. Erst wenn das Haben uns nichts mehr nützt, weil wir das Sein verlieren, können wir uns darauf besinnen.

Der griechische Psychotherapeut Jorgos Canacakis hat in seinem Buch »Krebs – Die Angst hat nicht das letzte Wort« Gespräche mit Krebskranken veröffentlicht. Eine seiner Gesprächspartnerinnen erzählt, wie und wodurch sie die Freude wiederfand: »Ich war angefüllt mit Lebensfreude. Nichts hatte mir so einen gründlichen Auftrieb geben können wie das Skifahren. Das Bedrückende der zweiten Operation und der Bestrahlungszeit war überwunden. Ich bin der Überzeugung, dieser schöne Urlaub, die Erlebnisse in den Bergen und das Wiederentdecken meiner Bewegungsfreude waren mir von großem Nutzen für meine Genesung.« Eine andere sagt: »Die einzige Quelle der Freude ist, daß ich mich lebendig fühle.«

Daß das Glück eine große Selbsttäuschung des im Unsterblichkeitswahn befindlichen Menschen ist, das ohne das Gefühl des inneren Totseins sinnlos wäre und mit materiellem Denken und Konsumverhalten bis hin zur Anbetung toter Materie zusammenhängt, und alles seinen Ursprung im Patriarchat hat, wird im folgenden zu beweisen sein.

Der Glaube an den Anspruch auf Glück und sein gleichzeitiger Mangel führt zu einem Trostversprechen für die Zukunft. So wird uns das Leben zu einem permanenten Übergangsstadium, das es zu überbrükken gilt, bis das Glück eines Tages auch zu uns kommt. Uns gilt das Jetzt, die Gegenwart, stets als Ankündigung und Warteraum, als Einleitung und Vorstufe großer Hoffnungen, ein Training für die künftigen, wirklich wichtigen Situationen unseres Lebens. Buchstäblich wie der Esel, der hinter der Karotte hertrabt und diese nie erreicht, jagen wir der Erfüllung unserer glückverheißenden Ziele und Wünsche nach und merken nicht, wie wir im Kreise gehen. Das vermeintliche Training ist unwiderrufliche Wirklichkeit, die Einleitung der eigentliche Inhalt, die Hoffnung auf ein zukünftiges Glück, wenn erst einmal die Bedingungen dafür geschaffen sind, ist ein reines Hirngespinst und das Vorübergehende alles, was das Leben ausmacht.

Wenn das Leben ein einziges Übergangsstadium ist, in dem man sich auf zukünftiges Glück vorzubereiten hat, ist der unberechenbare Tod nicht zu gebrauchen. So kann er nur als bedrohlicher Störfaktor angesehen werden, als etwas, das uns einen Strich durch die Rechnung macht. Eine 40jährige Frau, die mit einem vermeintlichen Herzinfarkt ins Spital eingeliefert wurde, in Wahrheit aber unter einer Angstneurose litt, sagte angesichts ihres (wie sie meinte) bevorstehenden Todes: »Ich kann doch nicht jetzt sterben, wo O. übermorgen kommt. Ich hatte mich schon so auf ihn gefreut.«

Der Satz »Wenn ich erst einmal dies erreicht habe oder jenes besitze, dann werde ich endlich glücklich sein« wird zum Leitsatz und Antrieb für unser Leben. Erst danach wären wir bereit, eines Tages zu sterben. Glück ist für jeden etwas anderes, es ist unbestimmbar, subjektiv. Es ist aber stets Wunscherfüllung und daher an Bedingungen geknüpft. Dies haben wir bereits in unserer Kindheit zu akzeptieren gelernt. Damals war es die elterliche Liebe, von der es abhing, ob wir glücklich oder unglücklich waren. Sie war an Bedingungen geknüpft. Wenn das Kind brav ist, wenn es tut, was die Eltern verlangen, dann wird es geliebt und vielfach belohnt, vor allem mit Dingen, die man haben kann. Das macht das Kind glücklich. Tut es das nicht, so wird mit

Liebesentzug bestraft, es darf vieles nicht haben – vom Taschengeld bis zum Fernsehkonsum – und es ist unglücklich. So lernt es nicht nur den Gehorsam, sondern auch, daß Glück stets von außen kommt und eine Mangelware ist, die man sich verdienen muß, indem man brav im Kreise geht. Es lernt auch, daß Glück in Form von Wunscherfüllung über den Mangel an bedingungsloser Liebe der Eltern hinwegtröstet. So lernt es den Lebensersatz kennen.

Bedingungslose Liebe lernt kaum einer von uns kennen. Wir sind alle in Angst und Schrecken aufgewachsen – aus gutem Grund. Es wäre die natürliche – von der Natur gegebene und gattungserhaltende – Aufgabe der Eltern, ihr Kind bedingungslos zu lieben, bis es allein auf sich gestellt leben kann, und es dann zur eigenen Freude und der des Kindes aus dem Haus zu werfen. Eigentlich ist das ganz einfach. Jede Katze kann das mit ihren Jungen. Es ist aber die Aufgabe der Eltern, ihr Kind für unsere unnatürliche Gesellschaft brauchbar zu machen. Als ein naturbelassener Mensch sind wir nicht brauchbar. Brauchbar ist, wer haben muß. Ohne dieses Bedürfnis ist Wirtschaftswachstum nicht denkbar und nicht machbar. Es muß hier darauf hingewiesen werden, daß ein seiner Natur nicht beraubter Mensch fähig ist, zu geben, zu teilen und zu opfern. Er ist nicht von Natur aus habgierig und egoistisch. Erich Fromm weist darauf hin, daß die Entwicklung unseres Wirtschaftssystems eben Egoismus, Selbstsucht und Habgier benötigt und daher diese Eigenschaften fördern muß, was dann widerspruchslos akzeptiert werden kann, wenn diese Eigenschaften als dem Menschen angeboren deklariert werden. Gesellschaften, in denen diese Eigenschaften nicht existieren, werden als primitiv abqualifiziert. Solche Gesellschaften zu vernichten kostet uns ein müdes Lächeln. Alles, was der Mensch zum Leben braucht, ist Liebe, er ist ein soziales Wesen. Ohne Liebe verkümmert der Mensch und stirbt. Wer Liebe bekommt, bedingungslose Liebe, der nimmt nicht nur, der gibt auch, denn er hat im Überfluß aus nie versiegender Quelle. Erst wenn diesem Menschen Liebe entzogen wird, haben wir in ihm ein Mangelgefühl erzeugt. Wer nie genug bekommen hat, der muß habgierig werden. Wenn Liebe dann an Bedingungen geknüpft ist und die Erfüllung der Bedingungen materiell belohnt wird, reicht es irgendwann aus, daß er die materielle Belohnung bereits für Liebe hält, und er will mehr. Von welchem Nutzen die Angst bei der Förderung von Selbstsucht und Habgier ist, haben wir bereits erfahren. Es kommt aber darauf an, den Menschen zu brechen, ohne daß er es merkt oder, falls er es doch merken sollte, dagegen nicht revoltiert. So muß zur Angst noch etwas hinzukommen. Es muß Ersatz für das Aufzugebende geschaffen werden. Hier wird die Tür zum Eintritt in die Schein-Welt weit geöffnet.

Dahinter befindet sich eine ganz besondere menschliche Erfindung: die Lebensqualität. Daß sie ihren Ursprung und Sinn im Materiellen hat, geht schon daraus hervor, daß man Lebensqualität nur haben und nicht sein kann. Der Preis, den wir für sie zahlen, ist Lebensuntüchtigkeit und Verdummung, was unserem von Angst vernebelten Bewußtsein entgeht und unserem Bedürfnis nach Sicherheit vor der Mühsal des Lebens entgegenkommt.

Nahrung und Obdach sind humane Grundrechte. Es ehrt die Industriedemokratien, daß sie diese Grundrechte für alle anerkennen. Auf dem Wege, dies zu verwirklichen, sind wir reich geworden. Zwar lebt ein Drittel der Bürger in diesen Demokratien an und unter der Armutsgrenze (die haben eben Pech gehabt), zwar stirbt alle zwei Sekunden ein Hungertoter in der Dritten Welt für unseren Reichtum (die haben auch Pech gehabt, sind aber Ausländer, die sind nicht wie wir und Gott sei Dank weit weg, so gern sie uns leid tun), aber wir sind unbestreitbar reich geworden und können uns ungehemmte Lebensqualität leisten. Diese führt uns mittlerweile an den Kollaps (wenn alle ein Auto haben, kann letztlich keiner mehr auf unseren Straßen fahren). Aber es wird noch lange dauern, bis wir das wirklich begriffen haben, denn es erzeugt »Menschen als gut ernährte, gut gekleidete Automaten, die es überhaupt nicht mehr interessiert, welche menschlichen Qualitäten und Aufgaben ihnen eignen« (Erich Fromm).

Wir haben Waschmaschinen, Geschirrspülmaschinen, Automobile, Flugzeuge; wir haben Fertigmöbel, Konfektionskleidung, Zentralheizung; wir haben Fertigmenüs, Taschenrechner und Kunstdünger; wir haben Eierfabriken, Fleischfabriken, Fließbandfertigung. Wir sind reich an Zeit. Wir sind darüber als Gattung und als einzelner sehr dumm geworden, denn Lebensqualität ist in diesem Ausmaß als Massenproduktion nur zu erreichen, wenn jeder auf einen kleinen Teilbereich spezialisiert ist. Von dem Rest muß er nichts verstehen, den kann er von dem Geld kaufen, das er mit seiner Arbeit auf seinem Spezialgebiet verdient. Alles zu beurteilen, traut sich der einzelne aber trotzdem zu, denn wir werden stets bestätigt in dem Glauben, eine hochinformierte Kultur zu sein. Niemand denkt sich etwas dabei, wenn ein hochqualifizierter Chirurg die Astrologie als Aberglauben abtut, obwohl er nicht einmal imstande ist, den abnehmenden vom zunehmenden Mond zu unterscheiden. Man muß bei uns nicht verstehen, um zu überleben. Man muß benutzen können. Man schaltet ein, man öffnet den Hahn, man drückt auf den Knopf, man hebt ab. Alles funktioniert. Man kommt gewaltig schneller von der Stelle als früher. Man kann Informationen in Sekundenschnelle um den Erdball schicken. Wir haben phantastischen Komfort. Und wir können jetzt ausgiebiger und sauberer töten. Doch wozu? Wissenschaft und Forschung ergeben wohl Tatsachen, aber nicht deren Sinn.

Plato kam zu der Überzeugung, daß Philosophen die Machthaber und die Machthaber Philosophen sein müßten. Kant hielt diese Forderung für nicht erfüllbar. Er meinte, der Besitz der Macht verderbe das freie Urteil der Vernunft. Die Geschichte hat ihm recht gegeben. Vielleicht sollte aber dessen ungeachtet Platos Forderung erweitert werden, daß alle Menschen Philosophen werden müssen. Ein Volk von Philosophen, das nach den richtigen Fragen sucht, müßte einem Volk von Technokraten, das Antworten findet auf Fragen, die gar nicht gestellt wurden, unbedingt überlegen sein.

Würde uns unsere Lebensqualität mit einem Schlage genommen, weil jemand versehentlich auf den falschen Knopf gedrückt hat, würden die Überlebenden, falls es sie gibt, verhungern und erfrieren. Wer kann noch Feuer machen, Nahrung suchen, Tuch weben und nähen, ein Gefäß zum Kochen herstellen und eine Behausung bauen, um die humanen Grundrechte für sich zu erfüllen, wenn er nicht mehr über die zivilisatorischen Errungenschaften verfügt, die dem Teil-Können und Teil-Wissen anderer Menschen entstammen? Heute kann ein Arbeiter in einer Autofabrik kein

Auto mehr bauen, er weiß gar nicht, wie das geht. Er kann nur den linken Kotflügel montieren oder schlimmer noch, nur Automaten überwachen, die das für ihn tun. Besonders deutlich wird der Wissensverlust der Menschheit durch die Situation der Landwirtschaft in den Ostblockländern. Die einst in Kollektiven mit strenger Arbeitsteilung zusammengepferchten Bauern wissen jetzt, nur zwei Generationen später, nachdem privatisiert werden soll, nicht mehr, wie man Landwirtschaft betreibt. Was die Großeltern an praktischem Wissen verloren, stürzt die Enkel in Dummheit und Hilflosigkeit. Wir sind lebensunfähig geworden.

Weil wir unfähig sind zu leben lassen wir leben. Auf den Fußballtribünen schauen wir 22 Millionären bei der Arbeit zu, anschließend sind Wir Weltmeister geworden. Wenn die in unserem Namen und in unseren Farben arbeitenden Millionäre nicht gut gearbeitet haben, sind Wir wütend, weil Wir verloren haben. Weil uns das Gefühl für unseren eigenen Körper, unsere Seele und unseren Geist abhanden gekommen ist, sprechen wir Familie, Klasse, Volk, Kultur und allen kleinen und größeren Gruppierungen und Vereinen Gefühl, Geist und Seele zu. In diesem verlogenen Wir-Gefühl schwimmen wir dann selig herum, erleichtert, daß die anderen uns sogar die Bewältigung von sinnlosen lebensersetzenden Schein-Aufgaben abgenommen haben, wofür wir sie verehren und reich belohnen. Einstein sein wollen wir gar nicht, mit ihm fotografiert zu werden ist schon völlig ausreichend, um stolz auf uns zu sein.

»Es gibt kein Volks-empfinden, kein Klassen-bewußtsein, keinen Gemeinschafts-geist, keine Kulturseele... Da es Glück und Unglück nur für den empfindungsfähigen einzelnen gibt, kann aus dem Elend vieler auch nicht der Glanz irgendeines ›größeren Ganzen‹ hervorgehen. Keine propagandistische, keine psychologische oder politische Manipulation ist imstande, das Faktum außer Kraft zu setzen, daß die menschliche Wirklichkeit immer Meier, Müller und Schulz heißt« (Gerhard Szczesny in: Das sogenannte Gute). Meier, Müller und Schulz sind Individuen, die einen Bierbauch haben, weshalb sie persönlich leider keine Weltmeisterschaft gewinnen können. Als Individuen sind sie aber dennoch viel wert für unsere Gesellschaft. Wie der amerikanische Trendforscher John Naisbitt feststellte, wird der Individualismus das Kollektiv besiegen. Man hat erkannt, daß der für seine individuellen Leistungen belohnte Mensch mehr Wohlstand schafft. Naisbitt verkündet die Frohbotschaft, daß Macht und Freiheit des einzelnen in der Technologie stecke. Computer, Mobilfunk und Telefaxgeräte gäben uns die Freiheit, fast überall zu leben. »Wir werden von den Städten aufs Land hinausziehen, um uns Lebensqualität zu schaffen«, sagt er. Daß wir die Städte unbewohnbar gemacht haben, weil wir schon seit geraumer Zeit auf diesem Planeten Lebensqualität schaffen, vergaß er zu erwähnen. Welche Freiheit die Technologie dem einzelnen schenkt, weiß der Megaforscher der Megatrends auch zu berichten: Während der Autokäufer vor 15 Jahren noch kaum Wahlmöglichkeiten gehabt habe, so Naisbitt, könne er heute schon dank Informationstechnik unter mehr als 20 000 Kombinationsmöglichkeiten wählen. Meier, Müller und Schulz gehen einer goldenen Zukunft entgegen.

Meier, Müller und Schulz oder Gasslhuber, Sobotka und Koslowsky kommen unfertig auf die Welt. Und das wollen sie auch bleiben. Wer nicht wächst und reift, der stirbt auch nicht. Unsere Verehrung gilt daher allem, was gar nicht wachsen und reifen kann, also tote Materie ist. Damit identifizieren wir uns, das beunruhigt uns nicht; mehr noch: es beruhigt uns. Tote Materie ist bleibend. Die Herstellung und den Erwerb von mehr und mehr toten, mechanischen Gegenständen nennen wir Lebenskampf, Fortschritt und Wachstum. Je haltbarer, also bleibender die Gegenstände sind, um so mehr Geld müssen wir für sie bezahlen. Das macht uns noch stolzer auf ihren Besitz. Es stimmt uns nicht nachdenklich, daß unsere Gesellschaft höchste Leistung an Technik aufbietet, um das Leben eines einzigen todkranken Menschen durch Einsetzen künstlicher Organe zu erhalten, und daß dieselbe Gesellschaft am Computer den Atomkrieg simuliert – mit dem Kalkül von mehreren Hundert Millionen Toten, wenn nicht der Vernichtung unseres gesamten Planeten. Wir sehen da auch keine Zusammenhänge. Lieber tot als Tod. Den Tod als gewaltsame Vernichtung nehmen wir in Kauf. Er aber ist der einzige Tod, der uns nicht vom Schicksal auferlegt wurde. Er ist künstlich, tot, widernatürlich, ein Kind des Unsterblichkeitswahns, der verzerrten Lebenskräfte, die sich anders nicht nur keine Luft mehr verschaffen können, sondern als Ersatz des alten, tiefen Gefühls, am Leben zu sein, dienen.

»Unser Verhältnis zum Tod ist eine Umkehrung dessen, was Jesus und seine Freunde wollten. Den gewaltsamen Tod, der uns umgibt, der Tod als Ereignis, den Tod durch Kriege und Unterernährung, den Tod durch Verdummung, den Erstickungstod, den täglichen schrecklichen Tod des Garnicht-Lebens akzeptieren wir mehr oder weniger als Schicksal. Den natürlichen Tod dagegen, den Krankheitstod des einzelnen bekämpfen wir, als sei er vermeidlich« (Dorothee Sölle). Der streitbare Schweizer Theologe Kurt Marti formulierte es in einer Todesanzeige drastischer: »Dem Herrn, unserem Gott, hat es ganz und gar nicht gefallen, daß Gustav E. Lips durch einen Verkehrsunfall starb.«

Warum benötigen wir, die wir den lebendigen, den natürlichen Tod so sehr fürchten, daß man ihm nur mehr heimlich erliegen darf, den unnatürlichen, den gewaltsamen, den toten Tod, der ganz öffentlich ist? Gibt es einen ursächlichen Zusammenhang zwischen der Verleugnung des einen und der Hinwendung zum anderen?

Alexander löste den Gordischen Knoten dadurch, daß er ihn mit dem Schwert durchschlug, und Kolumbus stellte das Ei auf die Spitze, indem er gewaltsam die Schale zerdrückte. Solche Lösungen, so lehren unsere Schulen bis heute, sind genial. Sie waren Männer, und so waren und sind sie brachial genial. Warum neigen Männer zu diesen linearen »Entweder-Oder«-Lösungen? Warum beten vor allem Männer tote Materie an? Warum brauchen gerade sie die Lebens-Surrogate Macht, Technologie, Politik und wirtschaftliches Wachstum, obwohl diese zum künstlichen, gewaltsamen Tod führen? Warum sehen sie in uns Frauen das wahrhaft Fremde, Furchterregende, den bedrohlichen Feind trotz der weiblichen Fürsorge, Liebe und Bewunderung für den Mann? Was verachten sie in uns? Warum machen wir Frauen das mit, indem wir uns entweder gern unterdrücken und degradieren lassen und uns so gering schätzen, wie die Männer und ihre Erfüllungsgehilfinnen, unsere seelisch kranken Mütter, uns gelehrt haben zu sein, oder indem wir,

88

was noch ärger ist, bessere Männer werden wollen wie Margaret Thatcher? Soll der Geschlechterkampf, der Emanzipationskampf der Frauen nur ein Kampf um gleichen Zugang zur Macht, um das Recht der Frauen auf Mittäterschaft in den Lebens-Surrogaten sein?

Lange Jahre haben wir Frauen um unsere Gleichstellung in der Gesellschaft gekämpft. Man versuchte, uns zu ignorieren, man versuchte, uns lächerlich zu machen. Wenn es ernst wurde, bekamen wir auch den ungebremsten Haß der Männer zu spüren. Geht es den Männern nur um den Verlust der Macht? Verteidigen sie lediglich die Fleischtöpfe, die besser bezahlten Arbeitsplätze, das bequemere Leben? Niemand gibt gern und freiwillig Privilegien auf. Das ist wohl so. Da, wo emanzipierte Frauen erfolgreich waren, war es dennoch nicht zum Schaden der Männer. Sie haben durchaus gute Erfahrungen mit uns gemacht. Es hat sich in manchen Kreisen sogar herumgesprochen, daß emanzipierte Frauen nicht den Untergang des Abendlandes herbeiführen. Woher rührt also die Verbissenheit der Männer? Was verteidigen sie in Wahrheit? Der Furcht der Männer liegt etwas Irrationales zugrunde, das es zu betrachten lohnt.

Dazu sollte zuerst einmal betrachtet werden, wo Männer am irrationalsten gegen Veränderung kämpfen. Die Frau als Kollegin, ja manchmal sogar als Vorgesetzte ist so ungewöhnlich nicht mehr. Hier sind die Dinge also in Bewegung geraten, selbst wenn wir noch nicht am Ziel sind. Weitaus weniger bewegt sich im häuslichen, im privaten Bereich, in der Liebesbeziehung zwischen Mann und Frau. Der autonom auftretende Mann wird von der Frau umsorgt, selbst wenn er inzwischen gelernt hat, daß Hausarbeit geteilt werden muß, er sich seine Knöpfe selber annähen kann, seine Hemden selber bügelt und weiß, wo die Kerzen im Hause zu finden sind. Er kann nicht ohne sie leben, denn es ist die Frau, die ihn seelisch aufbaut und trägt. Sie ist zuständig dafür, Liebe und Zuwendung zu geben. Sie leistet die Gefühlsarbeit für ihn und deutet ihm die Welt in den Bereichen, in denen er sich nicht auskennt, die jenseits von simplen Problemen und ihren linearen Lösungen liegen. Selbst noch der schwule Frauenfürchter kann nicht darauf verzichten und hat fast immer eine weibliche Vertraute, der er sein Herz ausschüttet. Sogar der entwicklungsbereite Mann, der schon in Einfühlsamkeit geübt ist, leistet diese Arbeit nicht selbst und greift darauf zurück, wo er nur kann. So dankt Jorgos Canacakis seiner Assistentin Annette Bassfeld-Schepers für ihre Hilfe an seinem Buch »Ich begleite dich durch deine Trauer« mit den Worten: »Du hast die geeignete Atmosphäre geschaffen, in der ich mich konzentrieren konnte und gute Eingebungen bekam.« Worin die Eingebungen bestanden, sagt er auch gleich: »Du hast mich auf Gefühle aufmerksam gemacht, die der weiblichen Sensibilität zu eigen sind.« Warum kann der Mann das nicht selbst?

Ist der Mann krank, im Streß, schlechter Stimmung, nervös und niedergeschlagen, so ist ihr Interesse bei ihm. Umgekehrt weiß er einfach nicht, was sie will, wenn es ihr schlechtgeht, und nennt es Launen. Selbst noch die emanzipierte, selbstbewußte und selbständige Frau, die in der Öffentlichkeit furchtlos und selbstbewußt für die Sache der Frauen eintritt, gibt ihrem Lebensgefährten mehr, als sie bekommt, und leidet ohne praktische Konsequenzen an ihrer emotionalen Unterversorgung, weil sie ihn sehr, zu sehr (?) liebt und ihn nicht verlieren will. Hat er es zu weit getrieben und trennt sie sich von ihm, wird es finster für ihn. Der ungeliebte Mann, den seine Frau verlassen hat, fällt in ein schwarzes Loch. »Aber wenn die Frauen dich lassen stehn/ Dann, mein Junge, gib dich verloren/ Versieh dich mit Whisky und halte steif die Ohren; / Dann heißt es abtreten und untergehn« (Hermann Hesse, Der Steppenwolf).

Auch statistisch gesehen ist es ein alter Hut, daß Männer mit dem Alleinleben kaum fertig werden. Geschiedene Männer neigen zur emotionellen Verwahrlosung, sind rat- und hilflos, lassen sich gehen und werden traurige Jammergestalten, die nicht mehr wissen, wohin mit sich. Sie erleben sich in ihrer Liebes-, das heißt Lebensunfähigkeit, auch wenn sie nicht genau wissen, was ihnen fehlt, und merken, daß sie ohne die Gefühlsarbeit der Frau, die ihm zuhört, auf ihn eingeht, ihn verwöhnt und ihn schont, nicht gut existieren können. Sich und anderen dies offen eingestehen zu können ist ihnen nicht möglich, selbst wenn sie wollten (meist wollen sie nicht). So bleiben ihnen – auch dies entgeht ihrem Bewußtsein jenseits aller Intelligenz – nur die Appelle an die alten weiblichen Muster der Fürsorglichkeit bei der nächsten Frau, was meist bestens zur Raserei der Vorgängerin funktioniert.

Der Frau wird die Rolle der Gefühlsexpertin zugewiesen, dazu wird sie erzogen, schon früh wird sie darauf vorbereitet. Die Frage ist nur, warum sich der patriarchalische Mann diese Rolle nicht auch noch unter den Nagel gerissen hat, wo ihr doch durchaus Macht zugrunde liegt. Die Antwort ist, daß er es nicht kann. Zwar kann er auch so manches andere nicht und tut es dennoch, aber hier nähern wir uns einer ganz entscheidenden Sache. Es ist eine Sache auf Leben und Tod. Hier liegt eine wesentliche Antwort auf die Frage, warum wir den lebendigen Tod hassen und leugnen, den künstlichen dagegen als natürlich und schicksalsbedingt ansehen und in aller Öffentlichkeit genießen. Leben und Tod gehören in den Machtbereich der Frauen. Warum?

Die Frau ist Lebensspenderin per definitionem. Sie verfügt über eine natürliche Fähigkeit zur Fürsorge. Dies erklärt nicht, daß ihr daher die Rolle der Gefühlsversorgerin für den Mann zuzukommen hat, sondern lediglich, daß dem Manne diese Fähigkeit von der Natur nicht mitgegeben wurde, die Frau ihm in diesem Punkte überlegen ist. Die Frau verfügt über ein Organ, das der Sitz dieser Fähigkeit ist. Es ist das Paradies, in dem es Nahrung, Schutz, Wärme und Liebe gibt. Es befindet sich im Zentrum ihres Körpers. Nur die Frau hat eine Gebärmutter. Alle Frauen sind potentielle Mütter. Alle Menschen werden von Frauen geboren. Wie bedingungslos diese liebende Fürsorge ist, geht schon daraus hervor, daß jede Frau potentiell ihr eigenes Leben riskiert, wenn sie Leben gibt. Was also sind Hunderte von Zeugungen aus männlichem, vergöttertem Samen gegen ein einziges Gebären der Frau? Daß es aber einerseits der Samen ist, der vergöttert wird, andererseits der Mann auf der Gefühlsversorgung durch die Frau insistiert und er den Sinn der weiblichen Existenz in seiner lebenslangen Versorgung durch die Mutterfrau sieht, ist ein Widerspruch, der von beiden mit Schweigen übergangen wird. Gäbe die Frau die Gefühlsversorgung des Mannes konsequent auf, das Patriarchat ließe sich nicht mehr aufrechterhalten. Würde der Mann die Gefühlsarbeit nicht nur für sich selber übernehmen, sondern auch die Frau wirklich emotional versorgen, hätte sie keine Motivation zur Aufrechterhaltung der Beziehung mehr, die in dem ungestillten Hunger nach Liebe und

emotionaler Versorgung besteht. Deshalb können
Männer die Emanzipation der Frau in allen gesellschaftlichen Bereichen bis auf den häuslichen, den
privaten verkraften, deshalb wird an diesem Schauplatz so verbissen gekämpft. Der Unsterblichkeitswahn steht in engem Zusammenhang damit und ist
das Resultat der gesellschaftlichen Machtverschiebung
von der Frau zum Mann. Doch bevor diese These er-
läutert wird, soll belegt werden, warum der Frau nicht
nur das Leben, sondern auch der Tod gehört.

Auch dabei geht es um die Gebärmutter. Aus dieser
dunklen Höhle sind wir alle gekrochen. Sie ist Quelle
aller unserer Lust und unseres Lebens. Ihre Geborgenheit begehren wir, wenn wir leiden, und nach ihrer
warmen Dunkelheit sehnen wir uns, wenn wir nicht
mehr weiterwissen. Sie ist Verursacherin und Erleide-
rin des Lebenszyklus. Sie ist Mystik. Die Frau ist die
Besitzerin, die Herrin dieser Höhle, und darum ist sie
die Hüterin des Unbekannten, Dunklen und Formlosen, aus dem wir alle kommen und in das wir alle gehen. Deshalb gehört der Frau die Metaphysik, deshalb
gehört ihr auch der lebendige Tod.

Das führt uns zum zweiten Bereich, in dem die Männer in irrationaler Verbissenheit jedes Vordringen der
Frauen verhindern: die Religion. Zwar darf die Frau
in den kirchlichen Bereichen der Sozialarbeit tätig
werden, was ihrer eingeübten dienenden Rolle nicht
widerspricht, aber in der wesentlichen Aufgabe der
Kirche, der Metaphysik, hat sie nicht mitzureden. Die
Macht über den Tod und den Glauben an das, was
danach kommt, ist fest in Männerhand. Dabei ist an
keiner Stelle unserer Gesellschaft ein Mann allein
durch seine Geschlechtszugehörigkeit so fehlbesetzt
wie der Papst, der als höchster Hohepriester die di-

rekte Verbindung zu Gott, dem Tod und dem unbekannten Jenseits darstellen soll. Gott aber ist das Leben. Das Leben aber ist die Frau, die Hüterin der dunklen Höhle. Ihre Gebärmutter gibt ihr die natürliche Kompetenz auch für den Tod und die Fragen, was nach ihm kommt. Daher rührt der irrationale Frauenhaß derer, die das Leben fürchten und daher den Tod fliehen. Daß die Männer um die natürliche Kompetenz der Frauen in diesen Dingen sehr wohl wissen, zeigt sich schon darin, daß noch die stärksten Kerle in wirklich lebensbedrohlichen Situationen, unter größten Schmerzen, wenn es kein Ausweichen mehr gibt, nach der Mutter rufen, der Hüterin der dunklen Höhle. Wir sind, wenn wir sterben, wieder so schwach, hilflos und unwissend wie ein neugeborenes Kind und bedürfen dann der Liebe und Wärme der Mutter. Das folgende Beispiel soll nicht nur die Kompetenz der Frauen im Umgang mit dem Tod deutlich machen, sondern auch die natürliche Hilflosigkeit der Männer in diesen Fragen zeigen:

Ein 85jähriger Mann, der im Sterben lag, wurde von seiner Familie, die hauptsächlich aus Frauen bestand, in den Tod begleitet. In seinen letzten Stunden hielt ihn seine Tochter im Arm, wärmte ihn und sprach leise, liebevoll und zärtlich mit hoher Ammenstimme zu ihm. Seine Enkelin streichelte ihm die Hände. Er hatte einen guten Tod. Und was tat der herbeigerufene Priester? Er stand hilflos da und sagte immer wieder: »Bitte. Bitte. Wir können nur bitten.« Was sollte er auch sonst tun? Er kann tatsächlich nur bitten, er ist ein Mann. Er weiß nicht viel von der unbekannten Dunkelheit. Er hat sie nicht in sich. Woher soll er also wissen, daß sie Liebe bedeutet? Ihr Frauen seid das Leben, sagte der Mythologe Joseph Campbell. Aber die Männer dienen uns nicht mehr. Und wir Frauen fürchten uns vor unserer natürlichen Macht. Als dieses Beispiel einer der beteiligten Frauen vorgelesen wurde, geriet sie in nervöse Unruhe, als hätte man sie beschuldigt, Zigarettenasche ins Weihwasserbecken geschnippt zu haben. Die aus ihrem Tun abgeleitete Kompetenz war unerträglich für sie. Wie konnten wir nur soweit kommen?

Es war der Beginn des Patriarchats, der die Abwendung vom Leben bedeutete. Mit der Aneignung der Macht über Leben und Tod durch die Männer erwachte der Unsterblichkeitswahn zum Leben. Dies war der eigentliche Sündenfall. Seit das Leben in den Händen der Männer liegt und nicht mehr im Schoße der Frauen, begaben wir uns auf den Weg der Verleugnung, der Sucht nach Sicherheit, dem Lebensersatz und dem künstlichen Tod. Das lebendige Blut der Menstruation wurde für obszön erklärt und mit dem schärfsten Tabu belegt, das bis auf den heutigen Tag gültig ist. Das Blut der Verletzung, das aus gewaltsam zugefügten Wunden fließt, wurde statt dessen zum Symbol der Göttlichkeit, und niemand wagt darin eine Blasphemie zu sehen. Es ist in diesem Zusammenhang bemerkenswert, daß gerade repressive Gesellschaftsformen einerseits Sexualität verteufeln und Frauen nur als Gebärerin, als Muttertier ertragen, während die Jungfrau als Repräsentantin freien weiblichen Lebens, die alte Frau als Repräsentantin von Weisheit und Tod negiert werden, und andererseits stets obskure Blut- und Gewaltideologien entwickeln. Der Nationalsozialismus ist ein markantes Beispiel dafür.

Die These, daß der Ursprung des Patriarchats und der Monogamie in der Entdeckung des Zusammenhangs von Zeugung und Geburt und dem daraus resultierenden männlichen Wunsch nach Besitz leiblicher Kinder, die den väterlichen Besitz erben sollten, liegt, ist nicht sehr logisch, wenn nicht gar grotesk. Zum einen kannten die Muttergesellschaften Landwirtschaft und Viehzucht und hatten von daher Gelegenheit zur Beobachtung von Naturvorgängen. Zum anderen waren sie äußerst präzise Beobachter der Natur, die über Astronomie so viel wußten, daß unser heutiger Kalender mit geringfügigen Änderungen immer noch darauf beruht. Mutterrechtliche Gesellschaften errichteten beispielsweise in Nord-Europa gewaltige Steinanlagen, wie Stonehenge in England, die präzise auf den Sonnen- und Mondstand ausgerichtet waren, oder sie hatten wie im minoischen Kreta eine hochentwickelte Kultur, wie am Heiligtum von Knossos zu sehen ist. Sie hatten Naturreligionen, und ausgerechnet sie sollten den Zusammenhang zwischen Geschlechtsverkehr und Fortpflanzung nicht gekannt haben? Wir sind wohl oft geneigt, unseren eigenen modernen Mangel an Imaginationskraft den prähistorischen Völkern als deren Unwissenheit unterzuschieben. Wie geblendet wir von der Arroganz unserer eigenen Kultur sind, mag das Beispiel des Archäologen Evans zeigen, der Knossos ausgrub. Er interpretierte das Heiligtum einer Priesterinnen-Gesellschaft als Königspalast und deutete die an die Wände gemalten Prozessionen von Priesterinnen als männliche Priester in Frauenkleidern. Nur dafür, daß sie prächtige Brüste hatten, hatte er keine Erklärung.

Vor der sorgenden Habgier für die Erben kommt immer erst die Habgier für sich selbst. Die Männer wollten also selber haben, und was sie haben wollten, war ungehinderter Zugang zur Sexualität und Besitz von Macht, also die Frauen. Was sonst?

Vor dem Sündenfall, im Paradies, lebten wir unserer Bestimmung gemäß, wie der Wiener Bernhard Pesendorfer in einem Artikel mit dem Titel »Der gebändigte Haß der Söhne« anschaulich erklärt. Frauen und Kinder waren die soziale Einheit, ganz genauso, wie es bei Säugetieren per definitionem vorkommt. Die über ihre Zeugungsfunktion hinaus grundsätzlich entbehrlichen Männer waren aber durchaus an Aufzucht, Nahrungsbeschaffung und Schutz beteiligt und gehörten somit auch zum Kern der Muttergesellschaft. Aber eben beileibe nicht alle. Das konnte eine kleine Anzahl Männer zur besten Zufriedenheit der Frauen erfüllen. Der Sinn war folgender: Durch die Konkurrenz unter den Männern um diesen privilegierten Platz profilierte sich hochwertiges Gengut. Nur der beste, stärkste und schönste Mann erhielt den Zuschlag. Die vielen Rest-Männer, schwächere und junge, waren im Sinne der Art entbehrlich. Sie streunten – evolutiv gesehen – funktionslos herum und lauerten auf Augenblicke der Schwäche bei den bevorzugten Männern, um vielleicht ihren Platz einnehmen zu können. Ihre Aggressionsbereitschaft ließ sich aber auch zum Schutze des gesellschaftlichen Systems nutzen, indem sie gegen Feinde und wilde Tiere in den Kampf geschickt wurden – Soldatengut –, was die Ausbildung der Eigenschaft Aggression leider erhöhte. Die privilegierten unter den Männern hatten verständlicherweise ein hohes Interesse daran, sich die konkurrierenden Männer vom Halse zu halten. So legten sie die Konkurrenzlatte durch Normen und Werte besonders hoch. Dieses Phänomen existiert durchaus noch heute in unserer Gesellschaft. Hier ist es ein hohes Heiratsalter, eine lange Ausbildungszeit und Verbot von vorehelichem Verkehr, von Geburtenregelung und Abtreibung.

Irgendwann war der Konflikt da, der am Ende die Frauen ihre natürliche Vorrangstellung kostete: Einerseits waren die vom Kern der Muttergesellschaft ausgeschlossenen Söhne sehr viele geworden, und andererseits wollten die privilegierten Männer, ausgewählt, weil sie kräftig und stark waren und durch den erfolgreichen Schutz der Frauen zu Teil-Macht gekommen, die ganze Macht. (Siehe Kant: Der Besitz von Macht verdirbt unvermeidlich das freie Urteil der Vernunft. Die Betonung liegt auf Besitz.) Die ganze Macht, also zu bestimmen, wo und wie es langgeht, liegt im Zugang zum Leben. Zugang zum Leben hat, wer Geburt und Tod – Fortpflanzung und Religion – beherrscht. Der Versuch, den Frauen die Macht abspenstig zu machen, war jedoch ein großes Risiko, solange für die wenigen privilegierten Männer jederzeit williger Ersatz in großer Zahl und in kaum gebändigtem Haß auf die bevorzugten Männer bereitstand. Mann mußte sich also etwas einfallen lassen.

Die Lösung hieß Allianz. Um zu einer Allianz zwischen allen Männern zu kommen, mußte die Konkurrenz um die Frauen so weit stillgelegt werden, wie sie die Allianz hätte gefährden können. Die erste Garantie dafür bot die Monogamie. Die privilegierten Männer verzichteten auf die vielen Frauen, dafür bekam jeder eine, und man kam überein, daß kein Mann die Frau des anderen berühren darf. Um die Frauen dazu zu bringen, dem einzelnen Mann eine fürsorgliche Mutter-Frau zu sein, die ausschließlich für ihn da ist, mußte die Gruppe der Mütter zerschlagen werden. Hier kam den Männern das in früheren Männer-Konkurrenzkämpfen und soldatisch erworbene größere Aggressionsverhalten zugute. Den Rest erledigten sie durch Vereinzelung der Frauen und anschließend durch ihre Abwertung, durch Verringerung ihrer Selbstachtung und Zerstörung ihres Selbstvertrauens. Die Verringerung der weiblichen Selbstachtung und die Zerstörung des weiblichen Selbstvertrauens ließ sich am besten mit Hilfe der Religion erreichen, indem hier – quasi gottgewollt – die Frau als dumme Verführte dargestellt wurde, die auf die Einflüsterungen der Schlange (einem Symbol des Matriarchats) hereingefallen war. Das schüchterte ein. Wer wagte es da noch zu protestieren? Die Vereinzelung der Frauen in der monogamen Ehe verhinderte nicht nur eine Rückeroberung ihrer natürlichen Macht. Diese Vereinzelung machte es möglich, den Frauen die Plackerei für den Kind-Mann als erstrebenswert zu verkaufen. Des muttergesellschaftlichen Schutzes und dessen materieller Sicherheit beraubt, wäre die Frau allein in der Tat einem schrecklichen Schicksal ausgeliefert gewesen. Der Mensch ist ein soziales Wesen, weil er auf andere angewiesen ist. Das hat er mit vielen anderen höherentwickelten Tieren wie zum Beispiel den Elefanten, den Löwen und den Delphinen gemeinsam, die alle sogenannte Tantengesellschaften sind, in denen also die weiblichen Tiere sich gegenseitig durch Geburtshilfe, gemeinsame Aufzucht der Kinder und solidarische Ernährung unterstützen. Allein kann auch das Menschenweibchen mit Kind nicht überleben. So konnte man sie dazu bringen, ihn nicht zu verlassen und außerdem noch mit anderen Frauen um den Mann zu konkurrieren, der anstelle der anderen Frauen zum Garant des Überlebens der Kinder avanciert war. Das erhöhte die Bedeutung des Mannes und machte es nun auch in den Augen der Frauen unwichtig, ob er stark, intelligent und schön, ein Träger hochwertigen Gengutes war. Er mußte nur noch ein Mann sein, um begehrenswert zu sein. Ab jetzt hatte die Frau sich Sorgen zu machen, ob sie für den Mann begehrenswert ist. Die unnatürliche Konkurrenz unter Frauen war geboren und mit ihr die Eifersucht. Zu späteren Zeiten nannte man das Ganze romantische Liebe. Wir Frauen handeln heute noch danach. So häßlich, so dumm und so lieblos kann ein Mann gar nicht sein, daß eine Frau nicht das Zusammenleben mit ihm dem Alleinsein vorzöge. Hauptsache, es liegt einer im Bett und hustet. Auch hier treffen wir auf das eigenartige Phänomen, das Nancy Friday am gebackenen Schinken ihrer Freundin entdeckte. Obwohl wir Frauen heute wieder Zugang zur Bildung haben und für unsere materielle Sicherheit selber sorgen können, reagieren wir immer noch auf den Mann, als ob er unser Überleben sichere. So plärren wir hinter ihm her und betteln um sein Verständnis und seine Liebe. Wir versuchen, ihn zur Fürsorge und Verantwortung zu erziehen, die er für uns übernehmen soll. Wir merken nicht, daß wir an die falsche Tür pochen. Wenn wir es bemerken, nehmen wir es ihm übel, als ob das seine Schuld wäre, anstatt uns auf unsere eigenen Kräfte zu besinnen, die wir uns heute wieder selber zugute kommen lassen können.

Nach der Wende zur Männermacht boten Männerbünde ein ausgezeichnetes Mittel der Kontrolle zur gegenseitigen Überwachung der männlichen Kooperation. Hier hatten sich alle im Blick, und man wußte gleich, wenn einer fehlte und sich an fremdem Frauenbesitz vergriff. Dies war die zweite Garantie für das Bestehen der Allianz. Das Dumme an der ganzen Geschichte war nur, daß zwar jeder Mann in den Genuß weiblicher emotionaler und sexueller Versorgung gekommen war und die Männer nun zwar de facto alle

Macht in ihren Händen hielten, aber die natürliche Macht war ihnen nun einmal nicht gegeben. Da wurden sie nun Gynäkologen und Priester, aber es half ihnen nichts. Sie hatten keine Mühen gescheut und sogar das ganze Weltbild auf den Kopf gestellt. Die dicke Frau, als die Gott einst angebetet wurde, war gestürzt. An ihre Stelle setzten sie einen alten Mann mit einem weißen Bart, der seinen Sohn selber in die Welt setzte ohne wesentliche Mitwirkung einer Frau, die nur als Gefäß für den göttlichen Samen diente – eine Art Leihmutter. Das alles aber reichte immer noch nicht, um mit der illusionären männlichen Schöpferkraft überzeugen zu können. Dazu fehlte den Männern etwas ganz Entscheidendes. Oder anders ausgedrückt: Ohne X geht nix. Sie können das, was Frauen können, nun einmal nicht und werden es nie können. An ihrem Chromosom fehlt ein Zipfelchen, sie bringen es nur auf XY. Um Macht über das Leben zu haben, um in direkter Verbindung zum Dunklen, Unbekannten zu stehen, braucht man das weibliche XX-Chromosom. So nagte der Gebärneid auch weiterhin an ihnen, und sie stürzten sich auf die Produktion toter Kinder.

Es begann das goldene Zeitalter des Patriarchats. Es begann der große Feldzug gegen den lebendigen Tod. Man suchte das ewige Leben in toter Materie, den Stein der Weisen. Es ist das Zeitalter der großen Erforschungen und Erfindungen, das Zeitalter von Naturwissenschaft und Technik, dessen Ende wir zur Zeit miterleben. Es wird ein Ende geben. So oder so. Entweder vollendet die patriarchalische Gesellschaft den begonnenen Weg, auf dem sie schon sehr weit vorangeschritten ist, um Platz für ihre Kinder aus toter Materie zu schaffen, und beseitigt zu diesem Zweck endgültig alles Leben, oder wir Frauen besinnen uns auf unsere natürliche Kompetenz und erobern uns den Teil der uns zustehenden Macht zurück: Geburt und Tod – Fortpflanzung und Religion. Es reicht nicht aus, um Gleichstellung mit dem Mann zu kämpfen. Es ist nicht genug, zu beweisen, daß wir das, was Männer können, auch können. Selbstverständlich können wir Frauen das und oftmals besser und geschickter. Das wissen selbst die Männer, die es öffentlich niemals zugeben würden. Es ist vielleicht sogar die Frage, ob es so begrüßenswert ist, wenn Frauen das, was Männer können, auch tun. Ein weiblicher Finger auf dem Raketenabschußknopf führt auch nicht zu einem humanen Ergebnis. Wesentlicher ist vielleicht, Männer dazu zu bringen, mit ihrem Tun aufzuhören, und sie zu lehren, zum Leben zurückzukehren und ihm wieder zu dienen, indem sie Liebe geben.

Wie soll das gehen? Was können wir tun? Wir Frauen sollten die Angst vor unserer eigenen Macht ablegen. Wir sollen uns so wichtig nehmen, wie wir sind. Wir sollen den Mann nicht wichtiger machen, als er ist. Wir sollten den Mut haben, nein zu sagen, und uns dogmatischem Denken – auch religiösem, auch feministischem – verweigern. Wir sollten jeder Ideologie mißtrauen. Wir sollten uns immer fragen, wem was dient. Wir sollten uns genau anschauen, was wir für Liebe halten und was in Wahrheit doch nur der alte Trick ist, der Tausch der Gefühlsversorgung des Mannes gegen Nicht-Einsamkeit der Frau. Solange wir Frauen uns geringschätzen, solange uns selbst die Weiblichkeit, das Leben, nicht heilig ist, kann sich nichts wirklich verändern und in Bewegung geraten. Wir sollten alle immer alles in Frage stellen. Niemand ist im Besitz von Wahrheit. Wer Wahrheit zum Besitz erklärt, bewegt sich in der Welt des Lebensersatzes.

Es ist erlaubt, zornig auf die Männer zu sein. Es ist nicht mehr erlaubt, dem Manne gehorsam und untertan zu sein. Es ist nicht mehr erlaubt, ihn weiterhin zu verwöhnen, sei es durch praktisches Bedienen und Umsorgen oder durch liebevolles seelisches Stützen und Schonen. Es ist keine Zeit mehr für Nachsicht und Verständnis. Es ist nicht mehr erlaubt, den Mann zu bewundern, nicht einmal heimlich. Es ist an der Zeit, ihn mit seiner Lebensuntüchtigkeit und Schwachheit zu konfrontieren, damit er endlich lernen und erwachsen werden kann. »Auch Männer sind Menschen, also prinzipiell lernfähig« (Hülsemann/Wieck in: Die geheimen Verbote). Niemals werden Worte, Argumente den Mann überzeugen. Lernen kann er nur, wie er das Leben und die Welt versteht: positivistisch, das heißt durch Tatsachen. Daher ist ein Großteil der Gespräche, die wir führen, um den Mann zu überzeugen, reine Energieverschwendung.

Es ist nicht erlaubt, den Mann sich selbst zu überlassen. Ohne weibliche Tatkraft und Hilfe wird er nicht lernen, weil er tatsächlich nicht weiß, was er lernen soll (und wer weiß, was er dann noch alles anstellt). So ist es nicht erlaubt, zu erwarten, daß er von selber darauf kommen soll. Wir müssen es ihm zeigen, und ihn dann zwingen, das Erlernte anzuwenden. Wir sollten ihn ohne Bedauern und ohne Schuldgefühle verlassen, wenn er sich weigert, zu lernen und zu leben. Männer sind nicht die ganze Welt. Außerdem gibt es für jeden Mann Ersatz. Daran sollten wir unsere Männer immer wieder erinnern. Es ist an der Zeit, die Konkurrenz wieder denen zurückzugeben, denen sie gebührt. Wir sollten genau zuhören, wenn er uns erzählt, was er an anderen Frauen auszusetzen hat und warum er mit früheren Lebensgefährtinnen nicht zufrieden war.

Vielleicht war unsere Vorgängerin eine mutige Vor-
kämpferin auf dem Weg ins Leben und hat dem Mann
die Verwöhnung verweigert, auf die er glaubt Anspruch zu haben. Wir sollten die mutige Arbeit anderer Frauen nicht sabotieren, indem wir uns als verwöh-
nender Ersatz anbieten, wenn die andere den Mut
hatte, konsequent zu sein.

Es ist nicht erlaubt, den Mann als Feind zu bekämpfen. Wir brauchen die Männer, wir brauchen jedes
Hirn und jedes Herz, um vom Wege abzukommen. Zu
bestimmen, wo es langgeht jedoch, ist nicht mehr länger allein Sache der Männer. Als Führungskraft ist er
ein Fehlschlag. Die vergangenen dreitausend Jahre
und der jetzige Zustand der Welt beweisen es.

Was kann der Mann tun? Er soll lernen, selber zu
lieben. Er soll nicht mehr Verwöhnung und Schonung
erwarten und endlich erwachsen werden. Er soll lernen, über sich zu sprechen. Er soll lernen, seine Gefühle kennenzulernen und sich vor ihnen nicht mehr
zu fürchten oder sie zu leugnen. Ein Mann mit anästhesierten Gefühlen ist eine unzumutbare Belastung;
daran soll er denken, wenn er sich morgens im Spiegel
betrachtet. Er soll lernen, um Hilfe zu bitten. Er soll
sich nicht wichtiger machen, als er ist.

Nicht nur in der Welt der Materie herrscht mittlerweile Energieknappheit. Wir Frauen können mit unserer Liebeskraft und Lebensenergie nicht mehr länger
die Ersatzwelt des Mannes subventionieren. Wir sollten statt sinnloser Subventionen nur mehr Gefühls-
Stipendien vergeben und den Mann in gnadenloser
Liebe in das Leben zurückführen.

6. KAPITEL

Die Rache der ewigen Verlierer

Das Leben ist ein System, das sich zu Tode fräße, wenn sich nicht Sieg und Niederlage die Waage hielten. Wir leben auf einem riesigen Ball aus Erde und Stein, der um einen ungeheuer riesigen Feuerball rast. Wir sind ein System aus Röhren, Fasern, Zellen, Fibern und Membranen, durch die unsere Lebensenergie fließt. Diese Lebensenergie müssen wir durch Mord am Leben erhalten. Wir müssen andere Körper von Tieren und Pflanzen umbringen und uns einverleiben, denn nur durch ein allseitiges Gemetzel gibt es kontinuierlich Leben. So geht es nun einmal zu auf Terra, was allein aber noch kein Grund wäre, sich Sorgen zu machen. Alles bliebe in der Balance, gäbe es den zivilisierten Wilden nicht. Der zivilisierte Wilde unterscheidet sich als Teilnehmer an diesem Spiel von Fressen und Gefressenwerden von allen anderen Lebewesen dadurch, daß er offenbar ein enger Verwandter der Blattlaus ist. Zumindest verhält er sich im Umgang mit seiner Welt und sich selbst ebenso wie diese. Wer etwas über sich selbst lernen will, sollte Blattläuse beobachten. Ein paar Tage lang lebt eine Reihe von Blattläusen auf einer saftigen und gesunden Pflanze. Eines Tages sind es so viele, daß es nur so wimmelt vor lauter Blattlauskörpern, bis kaum noch die Blätter der Pflanze zu sehen sind, und am nächsten Tag sieht man nur noch grauen Staub auf dürren Stielen.

Die Menschlaus gibt sich nicht mit ein paar Blättern zufrieden. Für uns muß es gleich der ganze Ball aus

Stein und Erde sein, dessen Gleichgewicht wir stören, indem wir uns einerseits ungehemmt vermehren und die Zahl der Geburten in den übervölkerten Industriedemokratien sogar noch erhöhen wollen und andererseits auch noch alle unsterblich, wenigstens aber steinalt werden wollen. Gehen in einem Land die Geburtenzahlen zurück, werden Politiker gleich nervös; unser Sicherheitssystem steht auf dem Spiel, denn dank der im Dienste des Unsterblichkeitswahns stehenden modernen Medizin werden immer mehr Menschen immer älter. Mag auch alles Leben an uns zugrunde gehen; Hauptsache die Pensionen sind durch ausreichend Geburten gesichert und Österreich bleibt bestehen.

So, wie wir in unserem Unsterblichkeitswahn nicht im Einklang mit der Außenwelt leben können, können wir es auch nicht mit unserem Innenleben, und das hat dieselbe Ursache. Wir glauben, daß wir auf die Erde kommen, und nicht, daß wir Teil von ihr sind. Wir wollen mit dem Leben, das wir ausbeuten, nichts zu tun haben. Wir erleben uns als im Gegensatz zu unserem eigenen Körper und zur äußeren Natur stehend, Fremdkörper im Universum; »Gespenster in Maschinen«, wie Arthur Koestler sich ausgedrückt hat; in Körper eingeschlossene Egos. Wir sind mit Instinkten ausgestattet, wir haben Triebe, die uns nach landläufiger Ansicht beherrschen. In Wahrheit aber sind wir Instinkt, sind wir unsere Triebe und nicht die erhabenen, unvergleichlichen Wesen, als die wir uns betrachten möchten und die sich über alles Leben, über Pflanze und Tier, erheben. Körper, Seele und Geist sind eins, solange wir Menschen sind und keine Leichen. Wer diese Dreieinigkeit in sich trennt, ist schon zu Lebzeiten tot. Alles Denken und Fühlen hat

Einfluß auf die Körpervorgänge und umgekehrt. Wer sein Gleichgewicht zwischen Körper, Seele und Geist stört, wer auch nur eines davon vernachlässigt oder verleugnet, der leidet und wird krank. Krankheit ist keine Funktionsstörung des Körpers, sondern wir erleben sie vornehmlich als solche. Das hat so seinen Sinn. Nachhaltiger kann eine Signalfunktion nicht sein, denn sie bereitet fühlbaren, ganz realen Schmerz. Wir aber haben die Sprache der Signale längst verlernt. Wenn unser Körper in seinen Funktionen gestört, also krank ist, haben wir nicht den Eindruck, daß Seele und Geist es auch sind beziehungsweise darauf Einfluß haben, noch scheinen Gleichgewichtsstörungen dieser Art uns bekannt zu sein. Der Mensch ist aber grundsätzlich gesund, wenn er menschenwürdig leben darf. Menschenwürdig lebt, wer natürlich, also ohne Schaden an Leib, Geist und Seele nehmen zu müssen, gemäß seiner Bestimmung lebt.

Wenn wir krank werden, so deshalb, weil wir dieses Naturgesetz gebrochen haben. Der Unsterblichkeitswahn hat den ununterbrochenen Bruch dieses Naturgesetzes zur Folge, weil er eine Gesellschaft hervorbringt, deren Voraussetzung der Schaden an Leib, Geist und Seele ist. Wir Kinder des Unsterblichkeitswahns aber lernen: Krankheiten sind Teil unseres Lebens, sie entstehen durch Zufall, feindliche Viren und Bakterien, durch die falsche Lebensweise des von Natur aus unvernünftigen Menschen und Umwelteinflüsse, die wir hinnehmen müssen, denn Fortschritt hat nun einmal seinen Preis. Wenn man krank wird, geht man zum Arzt, der macht einen wieder gesund. Daneben passieren auch ab und zu ärztliche Kunstfehler, das ist aber kaum der Erwähnung wert, denn Ärzte sind auch nur Menschen und die sind nun einmal nicht vollkommen. Wir wissen aus Erfahrung, daß jeder irgendwann einmal krank ist. Das kommt uns unerfreulich, aber ganz natürlich vor, obwohl wir selbstverständlich von einer Gesellschaft träumen, in der niemand mehr krank wird und jeder ewig lebt. Deshalb wird eine Kultur dann als hochentwickelt bezeichnet, wenn sie über ein umfassendes Gesundheitssystem verfügt. Ein Gesundheitssystem ist dann ein gutes, wenn es imstande ist, für möglichst alle vorhandenen Krankheiten eine Therapie anzubieten, und wenn es vor allem Leben verlängern kann, koste es, was es wolle. Die statistische Lebenserwartung ihrer Bürger ist die stolz vorgezeigte Visitenkarte jeder Industriedemokratie, die etwas auf sich hält. Die Therapien, die zur Verfügung stehen, sind auf die Unterdrückung körperlicher Symptome und die Reparatur von körperlichen Beschädigungen begrenzt, denn der Körper wird mit dem Organismus gleichgesetzt. Mit dem Widerspruch, einerseits ein den Körper bewohnendes Ego sein zu wollen und andererseits Geist und Seele als nicht existent, da nicht naturwissenschaftlich beweisbar anzusehen, werden wir, so scheint es, mühelos fertig.

So ist es kein Wunder, daß wir statt weiser, lebenskundiger Lehrer, die uns helfen könnten, gesund und im Gleichgewicht zu bleiben, überhebliche Ärzte haben, die sich auf die Beseitigung körperlicher Funktionsstörungen zu verstehen versuchen und das, was irreparabel ist, durch Ersatzteile ersetzen. Wir gestehen diesem Berufsstand höchste Autorität und höchstes Ethos zu. Eine an Glück und Technik erkrankte Welt, die alles Lebendige fürchtet und daher und vor allem den Tod, hat genau die Ärzte, die sie verdient: eine Kaste von liebesunfähigen, lebensängstlichen, autoritären und menschenverachtenden Naturwissenschaftlern, denen man vor allem das Wort »Natur« aus ihrer Wissenschaft streichen sollte. Ärzte sollen Krankheiten heilen helfen. Das ist ihre ganze Aufgabe. Das haben sie jedoch im Laufe der letzten dreitausend Jahre gründlich vermieden. Anstatt dieser Aufgabe nachzukommen, greifen sie ungeniert in die Schöpfung ein und befinden sich im Krieg gegen den Tod – ohne Rücksicht auf Verluste. Wie in jedem Krieg unterliegen die Kriegsberichte von der Front einer Zensur. So hören wir von angeblichen Siegen, man nennt sie Triumphe der Medizin. In Wahrheit sind die Ärzte in diesem Krieg die ewigen Verlierer, und die Welt hat durchaus Anlaß, vor ihrer Rache zu zittern.

Jeder Sieg über eine bis dato unheilbare Krankheit bringt uns der Unsterblichkeit nicht näher. An ihre Stelle tritt einfach eine andere Krankheit, die dann als Menschheitsgeißel gilt. So ist der Cholerakranke von vorgestern der Tuberkulosepatient von gestern, der Krebspatient von heute und der Alzheimersche Patient von morgen, dessen schleichender Hirntod die gewonnene Lebenszeit wieder aufzehrt. Der Sieg über die großen Volksseuchen der Vergangenheit geht überdies weitaus weniger auf das Konto der Medizin als allgemein angenommen. Epidemologische Studien in Großbritannien haben nachgewiesen, daß die Zahl der Tuberkulose- und Scharlach-Toten bereits drastisch zurückgegangen war, bevor die Medizin geeignete Gegenmittel gefunden hatte. Sozialpolitische und hygienische Maßnahmen, wie der Bau von Wasserleitungen und Kanalisation, waren der eigentliche Erfolg.

Wie sehr wir vom Wunsch, nicht sterben zu müssen,

beseelt sind und wie blind wir glauben, daß unsere Ärzte ihren lebensfeindlichen Auftrag, uns zur Unsterblichkeit zu verhelfen, auch erfüllen können, zeigt so manche semantische Verwirrung. Im deutschen Nachrichtenmagazin »Der Spiegel« stand in einem Artikel zu einem nationalen Bluthochdruckprogramm in Deutschland und Österreich zu lesen, daß »nach Meinung vieler Experten damit allein in Deutschland etwa 30 000 Todesfälle pro Jahr verhindert werden könnten«, wenn alle Bürger mindestens einmal im Jahr ihren Blutdruck messen würden. So wie Gift und Radioaktivität nicht verschwinden, wenn man sie »entsorgt«, sondern nur von A nach B verlagert werden, hat noch nie irgendein Arzt oder irgendeine Gesundheitsvorsorge auch nur einen einzigen Tod verhindert. Den Tod kann man aufschieben, man kann die Spanne des Lebens verlängern, man kann Leiden lindern und eine Todesursache gegen eine andere austauschen. Aber Todesfälle verhindern kann man nicht. Wir können zwar unseren Blutdruck messen. Aber wir werden trotzdem sterben. Wir werden durch das Messen des Blutdrucks und anschließende Behandlung nicht einmal gesund. Das werden wir nur, wenn wir so leben, daß der Blutdruck nicht steigen muß. Ist eine erfolgreiche Therapie gegen eine schreckliche Krankheit gefunden, glaubt sich die Menschheit vom Tode errettet. Vor dem aber errettet uns nichts. Schon gar nicht die Ärzte. Im Gegenteil: Der Erfolg der Medizin ist wahrhaft lebensbedrohlich. Dieser Erfolg ist dafür verantwortlich, daß Menschen unter schweren Krankheiten leiden, die sie ohne die Ärzte gar nicht hätten, und er ist auch dafür verantwortlich, daß wir bei vielen Krankheiten länger leiden, als wenn wir uns selbst geholfen hätten. Die erfolgreiche Medizin ist es, die uns oft daran hindert, überhaupt gesund zu werden. Und als wenn damit noch nicht genug wäre, beschert uns der Erfolg der Medizin ein langes, qualvolles und menschenunwürdiges Sterben.

Viele Menschen wären zwar schon lange gestorben, wenn es keine Dialysegeräte gäbe, mit denen das Blut Nierenkranker gereinigt werden kann, und viele wären noch immer von diesen Geräten abhängig, wenn es keine Nierentransplantationen gäbe. Aber viele Menschen wären auf diese Dinge gar nicht angewiesen, wenn ihnen Ärzte nicht bedenkenlos jahrelang Medikamente verabreicht hätten, die überhaupt erst zu den irreparablen Nierenschäden geführt haben.

Wie unspektakulär Ärzte Patienten krank machen können, mag der folgende Fall zeigen: Eine 37jährige Frau, verheiratet mit einem praktischen Arzt, leidet plötzlich unter Herzschmerzen, begleitet von übermächtiger Angst. Sie wird ins Spital eingeliefert. Dort wird sie eingehend untersucht. Man stellt fest, daß sie organisch gesund ist. Ihre Beschwerden bleiben. So schickt man eine Psychiaterin des Spitals an ihr Bett, die außerdem als Universitätsdozentin ihr Wissen an ahnungslose Studenten weitergibt. Die Psychiaterin erklärt, das Leiden der Patientin sei seelisch bedingt. Jedoch sei die Patientin in ihrem jetzigen Zustand mit einer Psychotherapie nicht zu behandeln, sondern müsse zuerst einmal zur Ruhe kommen, bis die Panikanfälle verschwunden seien. Zu diesem Zweck verschreibt sie Tranquilizer, die, wie die Psychiaterin betont, nur bei ihr erhältlich seien. Es handele sich dabei um ein Medikament, das aus Belgien stamme und sonst in Österreich nicht erhältlich sei, die Patientin möge es sich bei ihr in der Ordination regelmäßig verschreiben lassen. Als die Panikanfälle trotz des Medikamentes wiederkommen, empfiehlt die Ärztin, die Dosis zu erhöhen. Die Panikanfälle kommen dennoch wieder, so erhält die Patientin zusätzlich noch Betablocker. Die Panikanfälle bleiben. Die Patientin zieht eine unabhängige Psychotherapeutin hinzu. Diese rät, sofort die Medikamente abzusetzen, und weist auf deren Gefährlichkeit hin. Statt dessen solle sofort mit einer Psychotherapie begonnen werden. Diese wird von der Patientin nach drei Sitzungen abgebrochen, sie habe ihrer Ansicht nach keinen Erfolg gebracht. Die Patientin kehrt zu der Psychiaterin zurück, die dem Wunsch der Patientin nach einem ungefährlichen Medikament mit der Umstellung auf einen anderen Tranquilizer nachkommt. Der Ehemann der Patientin beantwortet Vorhaltungen der Psychotherapeutin mit der Entgegnung, er verschreibe seinen eigenen Patienten auch regelmäßig Tranquilizer, manchmal helfe eben nichts anderes. In einem anderen Fall verschrieb ein Arzt einer Frau, die Verschleißerscheinungen mehrerer Gelenke, Schlafstörungen, eine Magenschleimhautentzündung, Hämorrhoiden und Verdauungsschwäche, dazu Herzenge und Herzrhythmusstörungen hatte, über mehrere Jahre barbiturathaltige Schlafmittel, starke Schmerzmittel, Tranquilizer, ein süchtigmachendes Herzmittel, sowie Zäpfchen, die synthetisch hergestelltes Morphium enthalten, außerdem einen Hustenblocker, der einen dem Morphium verwandten Wirkstoff enthält. Am Ende war ihr Leiden durch die Medikamente so weit verschlimmert, daß sie nur noch im Sitzen schlafen konnte, um nicht zu ersticken. Sie konnte kein Essen mehr bei sich behalten, litt unter Koliken und Abdominalkrämpfen, hatte ein Lungenemphysem und halluzinierte.

Die Aufzählung krankmachender Medikamente ließe sich endlos fortsetzen. »Insbesondere die Polychemotherapie, die Antirheumatiktherapie und viele andere verursachen eine Vielzahl iatrogener, von der Medizin verursachter Schäden, welche im Alltag eine immer größere Rolle spielen«, sagt Professor Franz O. Gruber, Internist am Wiener Wilhelminenspital.

Während täglich millionenmal Ärzte in den Spitälern und Ordinationen vollkommen unnötigerweise hochgiftige, süchtigmachende Pharmaka verschreiben und verabreichen, entwickeln sie andererseits durchaus ärztliches Risikobewußtsein, wenn es darum geht, Patienten im Griff zu behalten. Der krebskranke Wiener Physiker Peter Schuster spricht von den stereotypen Beteuerungen der Ärzte über gute Heilungschancen, falls Krebspatienten die empfohlene Therapie annehmen, und von schlimmsten Verängstigungen durch Todesdrohungen, falls sie sie nicht annehmen wollen. Darüber hinaus gibt es eine Legion Behinderter – spastisch Gelähmter, Hirngeschädigter und Blinder –, die man als Opfer der Medizin bezeichnen kann. Sie wurden aus dem Leib verkrampfter, zu Tode geängstigter Frauen mit Zange und Saugglocke geholt und als Frühgeburten in Brutkästen durch Sauerstoff geschädigt. Die Reihe ließe sich fortsetzen mit all den Krüppeln, zu denen Menschen durch Operationen wurden, in die sie nicht eingewilligt hätten, hätte der Arzt nicht die niedrige Erfolgsquote einer solchen Operation verschwiegen. Aber ein Chirurg lebt nun einmal davon, daß er operiert, und nicht davon, daß er warnt.

Wer sich ins Spital begeben muß, kann trotz erfolgreicher Behandlung leicht sterben. Desinfektion von Räumen, Instrumenten und Händen ist in den Kliniken zwar alltägliche Routine, aber dennoch kann man sich hier schneller und lebensgefährlicher infizieren als an jedem anderen Ort auf der Welt. Da gibt es Eiterungen nach operativen Knochenbruchbehandlungen, da treten Lungenkomplikationen auf, oder die Operationswunde will nicht zuheilen, und am häufigsten treten Harnwegsinfektionen auf. Dem ahnungslosen Patienten wird dann weisgemacht, daß seine Abwehrkräfte zu schwach seien. In Wirklichkeit waren Klinikbakterien schuld, weil man sich statt auf Hygiene mehr auf Antibiotika verläßt.

Ist ein Mensch lebensbedrohlich erkrankt, kann ihm die Medizin mit dem Inbegriff medizinischen Fortschritts aufwarten: der Intensivstation. Noch vor 30 Jahren waren es fast ausschließlich Patienten unter 40 Jahren, die auf eine Intensivstation kamen. Waren die Bemühungen der Intensivmediziner erfolgreich, lag vor dem Patienten noch ein langes Leben. Inzwischen sind die Patienten, die auf diese Weise behandelt werden, auch sehr jung und sehr alt. Nur einpfündige, fünfmonatige Frühgeburten werden hier beatmet und alte Menschen, bei denen die Ärzte übersehen, daß sie ganz einfach nur im Sterben liegen, deren Todeskampf auf der Intensivstation qualvoll künstlich verlängert wird und die, wenn die Ärzte wollen, ihren Tod auch mehrmals, durch Reanimierung, erleben dürfen. Vielleicht gibt es schönere Orte und menschenwürdigere Umstände, um zu sterben, dafür stirbt man hier da capo. Nach einer Studie der Universitätsklinik Wien aus dem Jahre 1987 sterben fast 70 Prozent der Reanimierten innerhalb der ersten Woche. Die Langzeiterfolge liegen international zwischen neun und 14 Prozent. Die Macht der Ärzte über den Tod ist klein, über uns Lebende ist sie groß. Aber für jeden Krieg muß die Bevölkerung nun einmal Opfer bringen. Warum also nicht auch im Krieg gegen den Tod? Als Entschädigung haben wir die Hoffnung auf den Endsieg.

Die Opfer der Medizin sind zahllos, der medizinische Forschungsdrang ist grenzenlos. Die Forschung dient, wie Professor Karl Fellinger sagte, der »Klärung letzter Geheimnisse«.

Den letzten Geheimnissen auf der Spur glaubten sie sich und haben dafür gesunde Kinder mit Tuberkelbazillen infiziert (später wurden die Kinder in dem Heizungskeller einer Schule erhängt); haben an anderen Fleckfieberversuche gemacht; ließen sie Menschen so lange in Eiswasser liegen, bis sie an Unterkühlung starben; injizierten gesunden Menschen Eiter und fügten ihnen Brandwunden zu; experimentierten an Menschen mit Drogen, Röntgenkontrastmitteln und Elektroschocks. Sie spritzten jungen Frauen bei vollem Bewußtsein äußerst schmerzhafte Substanzen in die Gebärmutter; spritzten Phenol direkt ins Herz und töteten Menschen auch einfach nur deshalb, weil sie mit deren präparierten Gebeinen Kollegen eine Freude machen wollten. Die Orte, an denen dies geschah, hießen unter anderem Auschwitz, Theresienstadt, Neuengamme, Mauthausen. Daß die Täter nicht als Mörder anzusehen sind, geht schon daraus hervor, daß viele von ihnen danach in ein ordentliches, bürgerliches Leben zurückkehrten, weiterhin als Ärzte angesehen waren und an den Universitäten ungehindert weiter Medizinstudenten ausbildeten. Sie waren die Ausbilder unserer heutigen Ärzte. Der amerikanische Psychoanalytiker Robert Jay Lifton hat etliche Interviews mit diesen Ärzten in seinem Buch »The Nazi Doctors« veröffentlicht. In diesem versucht der durch einen

Freispruch rehabilitierte Nazi-Arzt Dr. B., Nazi-Arzt Dr. Mengeles »guten Namen« wiederherzustellen: »Er ist von allen dort der anständigste Kollege gewesen, den ich je hatte.« Und über die Arbeit der Ärzte: »Es gab dort Gelegenheit, daß man eben Experimente machen konnte, wie man es in der normalen Welt nicht machen kann.« Die normale, die heutige Welt ist da wirklich viel humaner. Die macht so etwas nur noch mit Tieren. Man spricht nicht gern über die alten Zeiten, obwohl im kleinen, kollegialen Kreise die unschätzbaren Ergebnisse dieser »Forschung« anerkannt werden, die zum heutigen Fortschritt der Medizin beigetragen haben. Fast allen Tätern ist die Gnade des Vergessens zuteil geworden. Und manche von ihnen bleiben uns sogar unvergessen. Einer von ihnen hieß Johannes Heinrich Schultz. Er war Gutachter für Erbgesundheit und homosexuelles Verhalten im Dritten Reich. Homosexuelle, die nicht vor seinen Augen einer Frau beiwohnen konnten, schickte er ins KZ. Nach 1945 war er nicht nur einer der beliebtesten ärztlichen Fortbilder, sondern tat der Menschheit auch sonst Gutes: Er ist der Schöpfer des autogenen Trainings.

Der hippokratische Ärzte-Eid besagt: »Ich schwöre bei Apollon dem Arzt und bei Asklepios, bei den Mächten der Gesundheit und Genesung und bei allem Göttlichen als Zeugen, daß ich erfüllen will nach meiner Kraft und meines Geistes Vermögen diesen Eid und diese Verpflichtung: Meine Anordnungen will ich geben nach meinem Können und Wissen zum Nutzen der Leidenden, Verderben und Schaden aber ihnen wehren ... In welches Haus ich auch immer kommen mag, betreten will ich es zum Nutzen der Leidenden und mich enthalten jedes vorsätzlichen Vergehens und jeder schädigenden Tat ... Wenn ich nun diesen Schwur halte und nicht breche, so möge ich mich meines Lebens und meiner Kunst erfreuen in Ehren bei allen Menschen für alle Zeit, wenn ich aber meineidig werde, soll alles Unheil mich treffen.«

Das wollen wir der Ärzteschaft auch wünschen. Würden die österreichischen Ärzte heute noch anläßlich ihrer Approbation dieses Gelöbnis leisten, das immerhin noch im Ärztegesetz abgedruckt ist, sollte man sie alle – und nicht nur sie – wegen Meineids verklagen.

Lebensbedrohlich ist die Medizin deshalb geworden, weil unser Begriff von Wissenschaft am Leben vorbeigeht. Er beruht nicht auf Wirklichkeit und Natur, sondern auf gedanklichen Ideen und Konzeptionen, auf Vorstellungen, die uns im Laufe der Geschichte zu Wahnvorstellungen geraten sind und denen wir die Wirklichkeit anzupassen versuchen. Die Wahnvorstellungen heißen: 1. Nur das, was man beweisen kann, ist existent, 2. Wahrnehmung ist objektiv, 3. Was existent ist, ist natürlich und normal.

Der griechische Arzt Hippokrates, der von 460 bis 370 v.Chr. lebte, gilt zwar als Begründer einer spekulationslosen Diagnostik. Aber das Hauptanliegen der Hippokratiker war die Prognose und die Prophylaxe, während sie sich in der Therapie zurückhielten und hauptsächlich die Heilkraft der Natur unterstützten. Sie versuchten, Krankheit rational zu verstehen, aber nicht im Sinne der heutigen Naturwissenschaft. Sie waren Naturphilosophen. Die aristotelischen Naturphilosophen sahen ihre Aufgabe im Aufbau einer naturwissenschaftlichen Theorie, mit der auch die Metaphysik der Natur verstanden werden konnte. Noch zu Zeiten von Paracelsus (1493–1541) und Agrippa von

Nettesheim (1486–1535) fanden mystisch-theosophische Gesichtspunkte und kosmologisches Denken Geltung in der Medizin. Die Herauslösung der Naturwissenschaft, die die Naturgesetze durch positivistische Empirie, also durch Experimentieren, Sammeln, Ordnen, Messen, Wiegen usw. zu begreifen versuchte, begann zwar bereits im Altertum, war aber erst im 19. Jahrhundert so weit vollendet, daß sie sich nicht nur verselbständigte, sondern scharf gegen alle Geisteswissenschaft, vor allem aber gegen die Philosophie abgrenzte. Der Glaube, daß nur wirklich ist, was man positivistisch beweisen kann, hatte sich durchgesetzt. Vergessen war, daß die Gesamtheit aller Vorgänge, die den Menschen zu dem machen, was er ist, sich überhaupt nicht erfassen lassen. Geradezu ketzerisch wurde, die Wahrheit der Wissenschaft als schlechten Religionsersatz und Ausdruck einer kollektiven Neurose anzusehen. Das Schicksal des Arztes und Psychoanalytikers Wilhelm Reich mag hier als Beispiel dafür stehen, wie man mit Wissenschaftsketzern umgeht. Er war ein offener Denker und prägte den Ausdruck »emotionelle Pest« für die Kollektiv-Neurose. Wilhelm Reich wurde für verrückt erklärt, seine Arbeit wurde damit das Werk eines Verrückten. Was Wunder, daß er daran zerbrach. Und doch ist es eine traurige Tatsache, daß wir in einem Kollektiv-Wahn leben und die Naturwissenschaft eine Ausgeburt von ihm ist. Die »Objektivität« der Naturwissenschaft ist pure Einbildung, ist doch jede menschliche Wahrnehmung stets subjektiv. Keine Beschreibung der Wirklichkeit bringt je autonome Gesetzmäßigkeiten hervor, sie ist immer ein Abbild der Wirklichkeit. »Eine Landkarte ist nicht die Landschaft« (Alfred Korzybski in: »Science and Sanity«). Die Wirklichkeit ist immer differenzierter als unser Vermögen, sie abzubilden. »Das Denken ist etwas Grobes, die Materie etwas unvorstellbar Feines« (Aldous Huxley in: »Literatur und Wissenschaft«). Das Verständnis für Krankheiten eines so komplexen »Ensembles«, wie der Mensch es ist, läßt sich erst erreichen, wenn ökonomische, soziale, historische und politische Umstände so einbezogen werden, wie es Kenntnis der Metaphysik, der Lehre des Seins, voraussetzt. Das ist allerdings auch eine Frage der Bildung.

So gesehen ist es nicht weiter verwunderlich, wenn ein angesehener österreichischer Arzt schreibt, daß die hohe Rate an Magenkrebserkrankungen in Japan auf den dort üblichen Genuß von rohem Fisch zurückzuführen sei. Woher soll er auch wissen, daß die japanische Küche einerseits die gesündeste ist, die es gibt, und andererseits die moderne japanische Kultur höchsten Streß erzeugt, was mit der traditionellen Gepflogenheit der totalen Beherrschung und Unterdrückung aller Gefühle quasi im Magen explodiert. In der medizinischen Fakultät der Universität hatte er jedenfalls keinen Zugang zu derartigem Wissen. Bedenklich an diesem Beispiel ist vor allem, daß ein Mensch kraft seiner beruflichen Autorität sein Unwissen als wissenschaftliche, also objektive Wahrheit verbreiten darf. Ein anderer österreichischer Arzt, Fritz Reuthinger, gab in einer Fernsehsendung im Herbst 1990 zu, daß er während seines gesamten Medizinstudiums niemals etwas über die Bedeutung von Ernährung bei Krankheiten erfahren habe.

Eine Wissenschaft, die sich mit Tatsachen beschäftigt, die Suche nach dem Sinn dieser Tatsachen jedoch außer acht läßt, wird gefährlich durch ihre unbegrenzte, nicht mehr aufzuhaltende Machbarkeit. Vollends außer Kontrolle muß sie geraten, wenn ihr Autorität zugestanden wird, die um so demagogischer verteidigt wird, je klarer den Trägern dieser Autorität bewußt ist, daß sie eigentlich nur auf dem Besitz von Macht beruht und nicht lebendig ist. Besitzen kann man aber nur etwas, was nicht Teil von einem ist. Ich muß nicht fürchten, daß mir mein Arm von jemand anderem weggenommen wird, denn ich bin mein Arm. Daß mir einer den Handschuh stiehlt, ist schon wahrscheinlicher, denn den besitze ich. Kein Berufsstand außer den Klerikern reagiert mit solch starker Abwehr auf Kritik wie die Ärzteschaft. Keine Vereinigung rückt derartig in festem Schulterschluß zusammen, wenn von außen Licht hineinfällt, und niemand ereifert sich mehr über »Nestbeschmutzer« aus den eigenen Reihen. Aus keinem Mund klingt das Wort »Laie« so herabsetzend. Die Götter in den weißen Kitteln bedürfen ihres Machtgehabes, das geheimnisvolles Wissen vortäuscht, den Patienten auf Distanz hält und ihn zum Objekt, zu »Patientengut« degradiert. Dahinter verbirgt sich die Angst und Hilflosigkeit des Verlierers. Vielleicht haben sie das von den Göttern in den schwarzen Kitteln, dem Klerus, abgeschaut, zumindest haben sie die irrationale Verteidigungshaltung der Besitzenden mit diesen gemeinsam.

Wie das Verhältnis zwischen Arzt und dem lebendigen Tod tatsächlich ist, macht eine Zeitungsnotiz über den schwer erkrankten amerikanischen Entertainer Sammy Davis jr. kurz vor dessen Tod deutlich. Unter der Überschrift »Sammy Davis verweigert Hilfe« ist zu lesen: »Die Ärzte sind gezwungen, hilflos mit anzusehen, wie Bühnen-Star Sammy Davis an Kehlkopf- und Stimmbandkrebs stirbt. Er hat nämlich, solange er noch sprechen konnte, ein Dokument diktiert und unterzeichnet, das den Medizinern ausdrücklich untersagt, sein Leben und Leiden zu verlängern.« Arme Ärzte. Wäre Sammy Davis nicht so herzlos gewesen und hätte er den Ärzten nicht seine Hilfe verweigert, dann hätten sie ihm mit Freuden sein Leiden verlängert. Aber er wäre immerhin nicht so bald gestorben, die Ärzte hätten dem Tod Zeit abringen können. 100 Tage zögerten die Japaner den Tod ihres Kaisers Hirohito hinaus, dessen höhere Hirnfunktionen schon erloschen waren. Salvador Dali wurde gleich fünf Jahre lang künstlich am Leben gehalten; Jahre, die er in einem von zahlreichen Krisen unterbrochenen Dämmerzustand verbrachte. Ein knapp zweijähriges aidskrankes Kind mit schwerer Lungeninfektion und bereits stark angegriffenem Nervensystem wurde in einem New Yorker Krankenhaus bei jedem Herzstillstand aufs neue reanimiert. Glücklicher dran war ein 84jähriger Mann, der daheim im Kreise seiner Familie friedlich im Sterben lag. Er entkam seinem behandelnden Arzt nur knapp, als dieser mit den harschen Worten »Sie können den Mann doch nicht hier verrecken lassen. Der gehört ins Spital« an das Bett des Sterbenden getreten war und somit offenbar dringend auf die ärztliche Hilfsbedürftigkeit hingewiesen hatte. Dem Arzt war keineswegs entgangen, daß der Mann im Sterben lag. Er wußte, daß dieser Krebs im Endstadium hatte. Sein rüder Ton kann vielleicht damit entschuldigt werden, daß der Arzt sich selbst als Notfall empfand. Die Angehörigen lehnten ab, der alte Mann starb wenige Stunden später friedlich in seinem eigenen Bett. Den Arzt seinem Schicksal überlassen zu haben, das wird er nun wohl vor seinem Schöpfer verantworten müssen.

Es sind nicht unbedingt Stunden oder gar Jahre, um die es im Krieg gegen den Tod geht. Auch Minuten sind dem Arzt schon Sieg. In dem Buch »Sterben im Krankenhaus«, von Rudolf Kautzky (Hrsg.), berichtet eine Frau: »Ich hatte gerade seine gebrochenen Augen gesehen, als sie hereinstürzten und mich schlechtweg hinauswarfen. Der glattgesichtige Arzt rief: ›Gehen Sie ganz schnell raus!‹... Ich ging davon wie ein geprügelter Hund... Nach 6-7 Minuten kam der glattgesichtige Arzt mit Beileidsmiene auf mich zu. Er reichte mir die Hand. Ich fragte ihn: ›Ist es endlich vorüber?‹ Er sagte, ja, sie hätten ihm nicht mehr helfen können. Ich dürfe jetzt zu ihm gehen... Warum meinte man, daß ein paar Minuten Leben wichtiger seien als die Liebe?« Kann der Arzt nicht mehr übersehen, daß er den Kampf gegen den Tod verlieren wird, passiert etwas Bemerkenswertes: Der Patient wird von der Medizin aufgegeben. So entlarvt die Umgangssprache, was die Medizin selbst so gern verborgen hielte: die Verfehlung der ärztlichen Aufgabe.

Der in einem Tiroler Krankenhaus arbeitende Arzt Andreas Wisemann zeigt in seinem Buch »Ärzte-Ängste« weitere Aspekte der ärztlichen Hilflosigkeit auf, die sich in der Erkenntnis zusammenfassen lassen, daß viele Ärzte ihre Patienten fast so sehr wie den Tod fürchten. Patienten und Tod haben für den Arzt etwas gemeinsam: Sie sind lebendig. Im medizinischen Alltag, im alltäglichen Umgang mit dem Patienten zeigt sich, daß der Arzt flüchtet, sich entzieht und zum Vermeidungsstrategen wird, sobald er gezwungen ist, dem lebendigen Patienten, dem kranken Menschen nahezukommen. »Es ergibt sich nahezu nie, daß Arzt und Patient sich unter vier Augen sehen«, sagt der Arzt Wisemann über den Klinikalltag. Verhindert wird das nicht nur durch den vom Streß bestimmten Spitalsalltag und immer spezifischere Untersuchungsmethoden, die den Patienten zur Wanderschaft durch Abteilungen und Labors zwingen, bis er nicht mehr weiß, welcher Arzt für ihn eigentlich zuständig ist. Verhindert wird es, weil Ärzte nicht gelernt haben, mit Patienten zu sprechen. Sobald aus der Galle von Zimmer neun ein Mensch wird, weiß der Arzt nicht mehr weiter. Von unangenehmen Fragen lenkt er ab; Angst des Patienten vor Schmerzen bügelt er nieder; Erwartungen auf Zuwendung beantwortet er mit Abwendung. Er hat dafür auch eine grandiose Begründung: Er hat keine Zeit. Woran es aber in Wahrheit fehlt, zeigt der Fall einer Frau, die mit dem Leben nicht fertig wurde. Sie litt unter Migräne, Herzbeschwerden, niedrigem Blutdruck, Kreislaufschwäche und Depressionen. Sie bekam von ihrem Arzt eine kreislaufstützende Spritze und die Antwort: »Mit seinen Problemen muß jeder selber fertig werden.«

Wird es wirklich ernst, geht es um unheilbar erkrankte oder dem Tode nahe Menschen, versucht der Arzt der Konfrontation vollends aus dem Weg zu gehen. »Je ernster die Lage ist, desto weniger ist der Arzt in Sicht« (so der Wiener Chirurg Werner Vogt). Ärzte drücken sich vor der Information und greifen zu Täuschung, Teil-Wahrheiten, vorgeschützter diagnostischer Unsicherheit und Idealisierung chirurgischer Möglichkeiten. Sie halten es für eine therapeutische Maßnahme, wenn sie dem Patienten eine Besserung attestieren, die es gar nicht gibt und nicht geben kann. Was der Arzt in Wahrheit schont, sind seine eigenen Gefühle; wen er in Wahrheit ermutigt, ist er selbst. Turnusarzt P.T., der in einem Wiener Spital arbeitet: »Ich war vier Monate lang auf der Hämatologie, wo die Leute ständig gestorben sind. Die meisten Patienten waren sehr jung, und manche von ihnen starben innerhalb von drei, vier Monaten, manchmal sogar noch früher. Keiner der Patienten wird dort über sein Schicksal aufgeklärt. Man hat es mir damit begründet, daß man es probeweise ein Jahr lang versucht habe. Leider sei man zu dem Ergebnis gekommen, daß die Patienten von dem Moment an, wo es ins terminale Stadium kommt, keine Motivation mehr haben, gegen die Krankheit zu kämpfen.« Was Sammy Davis sich den Ärzten gegenüber vielleicht noch erlauben darf, wird dem Durchschnitts-Todeskandidaten durch den Trick des Verschweigens verweigert. Ein Arzt mit Berührungsangst vor Menschen, mit Angst vor lebendigen Problemen und Todesfurcht ist so fehl an seinem Platz wie ein Pilot mit Höhenangst am Steuerknüppel eines Düsenjets.

Wie kommt es, daß Studenten, die Medizin studieren, weil sie den Menschen helfen wollen, zu begeisterten, bedenkenlosen, gedankenlosen Mitgliedern der Humanmechaniker-Kaste werden? Wie ist es möglich, daß erwachsene, souveräne Menschen im Angesicht des Arztes zu hilflosen Dreijährigen schrumpfen, die sich tief vor dem Herrn Doktor verbeugen und fraglos alles schlucken, was der ihnen gibt und verkauft? Warum unterwerfen sich Menschen den Rachegelüsten einer Ärzteschaft, die mit dem Leben umgeht wie eine Horde zorniger Kinder, die ihr Spielzeug zerlegen müssen, weil sie es nicht zu begreifen vermögen?

Die da oben und wir da unten sind durch die gleiche Schule der Angst und des Gehorsams gegangen. Arzt und Patient haben beide die gleiche Angst vor der Wirklichkeit, dem Leben und dem Tod. Doch während die einen in ihrer Angst zu Angreifern werden und sich so vormachen können, mit Hilfe von Wissenschaft und Forschung selber Herr über Leben und

Tod zu werden, flüchten wir anderen in die Verdrängung und haben den Ärzten die Verantwortung für unseren eigenen, persönlichen Tod aufgehalst. Möglich wird das, weil unser politisches System zwar demokratisch, unsere Gesellschaft jedoch streng autoritär und hierarchisch aufgebaut ist wie noch zu Kaisers Zeiten.

Erst dadurch machen wir den Ärzten den Weg frei für ihren unverständlichen Umgang mit uns. Wir belasten eine Gruppe von Menschen mit einer Verantwortung, die sie nicht nur nicht tragen darf, sondern nicht tragen kann. Wir bürden ihnen mehr auf, als ein Mensch für einen anderen tragen sollte. Die Flucht vor der Verantwortung für das eigene Leben verletzt das Leben anderer ebenso, wie es der Eingriff in das Leben anderer tut. Hier liegt die Grenze unserer Freiheit. Kein noch so schweres Schicksal, keine noch so grausame Krankheit entbindet uns von der Pflicht zur Freiheit und von der Einhaltung ihrer Grenzen. Freiheit heißt, selbst zu entscheiden, was für uns gut ist; selbst zu entscheiden, was für uns schlecht ist, und selbst zu lernen, das eine vom anderen zu unterscheiden. Die Grenze der Freiheit überschreiten heißt, andere für uns entscheiden zu lassen, wenn wir es selbst können, oder für andere zu entscheiden, wenn diese es selbst können. Wer sich vor der Verantwortung für sein eigenes Leben drückt, will nicht nur selber ein schlechter Schüler des Lebens sein, sondern zwingt auch andere dazu, schlechte Schüler zu werden. Ein Beispiel:

Ein 23jähriger Mann erkrankt an multipler Sklerose, einer Nervenkrankheit, die als unheilbar gilt und in weniger schweren Fällen nach einem elenden Siechtum innerhalb weniger Jahre zum Tode führen kann.

Sein Zustand und die Prognose sind ihm bekannt. Zu einem Zeitpunkt, als er schon ein Pflegefall, aber noch ansprechbar ist, diskutieren die Ärzte mit ihm die Frage, was mit ihm geschehen soll, wenn er nur noch künstlich am Leben gehalten werden kann. Sie stellen ihm die Entscheidung anheim, ob die Maschinen abgestellt werden sollen, wenn es einmal soweit ist. Er entscheidet, so lange künstlich am Leben erhalten zu werden, wie es nur irgend geht. So müssen die Ärzte sein Leben um jeden Preis verlängern und können das dank der medizinischen Technik auch nahezu zeitlich unbegrenzt. Als der junge Mann nur mehr ein lebender Leichnam ist, wenden sich die Ärzte an seine Angehörigen, die ihrerseits ebenfalls ablehnen, daß er sterben darf. Und so laufen die Maschinen weiter.

Wir sind immer geneigt, die Fähigkeit des Menschen zur Freiheit, zur Verantwortung für das eigene Leben zu unterschätzen. Je mehr wir innerlich davon überzeugt sind, es selber nicht zu können, um so weniger sind wir einerseits imstande, es anderen, die uns gleich oder schwächer sind, zuzutrauen, zuzumuten und von ihnen zu fordern. Andererseits sind wir leicht dazu zu bringen, unsere Verantwortung für uns selbst anderen aufzubürden, wenn diese nur skrupellos, machtgierig oder dumm genug sind, sich über die Grenzen ihrer eigenen Freiheit hinwegzusetzen. Wir finden stets Erklärungen dafür, warum wir den einsamen Pfad der Freiheit nicht beschreiten können. Der eine ist noch zu jung, ein anderer zu alt, der nächste ist zu krank, jener hatte eine schwere Kindheit, ein weiterer hat Pflichten, eine Familie zu ernähren, Kinder aufzuziehen oder fürchtet, die Liebe der Eltern, den Job, den Partner zu verlieren. Auch ist es allgemeiner Glaube, daß die Grundfragen des Lebens so kompliziert sind, daß man sie Spezialisten überlassen muß. In Wahrheit ist kein Problem, keine Frage grundlegender Art so kompliziert, daß es ein Durchschnittsmensch nicht verstehen kann. Es ist aber soviel leichter und bequemer, diese Dinge Spezialisten zu überlassen, als die eigene Denkfähigkeit zu bemühen und selber am Leben zu reifen.

Alle Menschen sind gleich. Das bedeutet, daß alle Menschen die grundlegenden Eigenschaften und Gefühle miteinander gemein haben. Es bedeutet auch, daß alle Menschen das gleiche Schicksal erwartet: Sie werden geboren, sie leben, sie sterben. Vollkommen ungleich sind sie aufgrund ihres individuellen Schicksals und der Einzigartigkeit jedes einzelnen Menschen. Es gibt keine zwei auf der Welt, die identisch sind. Es gibt niemals den gleichen Ausgangspunkt für zwei Menschen, wenn sie geboren werden; daher können auch niemals zwei Menschen, geschweige denn eine Familie, Gruppe oder gar Nation ein gleiches Schicksal haben. Letztlich ist der Mensch also allein. So kommt er auf die Erde, so verläßt er sie wieder. Dazwischen liegen, wenn es hochkommt, 4 000 Wochen. Wer ist verantwortlich für das, was in diesen wenigen Wochen geschieht?

Die Welt, in die wir geboren werden, beschädigt uns von Anfang an, sie entstellt unsere Gefühle, unser Denken und unseren Körper. Die Gesellschaft ist ein mächtiges Gebilde, das uns wenig Handlungsspielraum läßt und uns in unserer gesamten Existenz bedrohen kann, wenn wir nicht konform gehen. Von keiner ihrer Institutionen bekommen wir wahrhaftige Antworten auf die Frage, warum wir leben und wie man lernt, zu leben und zu sterben, denn die wissen es in Wahrheit auch nicht. Das ist nicht gerade eine ideale Ausgangsbasis – für keinen von uns. Wenn wir uns aber umschauen, was wir haben, so finden wir das Wichtigste, das es auf der Welt gibt: uns selbst. Ein einzigartiges, individuelles Selbst, das Mittelpunkt und Zweck seines Lebens ist. Sich darauf zu besinnen, ist lebenserhaltender Egoismus, der nicht Rücksichtslosigkeit zur Folge hat, sondern Selbstbehauptung.

Die Welt kann uns dazu bringen, unser Selbst nicht zu spüren, es zu hassen, zu erniedrigen und zu verachten. Sie kann es beschädigen und damit für ihre Zwecke nutzbar machen. Sie kann es foltern und kann es lächerlich machen. Sie kann es zu Erfüllungsgehilfen für diese Zwecke machen, bis das Selbst den Zweck seines Daseins vergißt und sich gehorsam und ohne sich dessen bewußt zu sein selbst beschädigt. Es ist unter diesen Umständen nicht leicht, die Verantwortung für sein eigenes Leben zu erkennen und auf sich zu nehmen. Es bleibt uns aber gar nichts anderes übrig. Die Verantwortung der Freiheit auf sich zu nehmen, ist ein schmerzhafter Prozeß; es nicht zu tun, ist noch viel schmerzhafter und führt in die Krankheit. Die innere Stärke eines Menschen hängt davon ab, ob er die Wahrheit über sich selber kennt und wieweit er bereit ist, ihr entgegenzugehen. Das Selbst ist um so stärker, um so freier, um so mutiger, je besser es sich selber durchschaut. Dies ist der Weg in die Freiheit.

Die Schulmedizin kann uns dabei nicht viel lehren. Wir sollten den Mut haben, zu erkennen, daß sie nichts anderes zu bieten hat, als Blut abzunehmen, zu röntgen, Medikamente zu verschreiben, zu operieren, denn sie hat nur den Körper im Blickfeld. Das hat alles seinen Platz, mehr bedeutet es nicht. Dem Alleinanspruch der Schulmedizin auf die Wahrheit über das Leben sollten wir entgegensetzen: »Was ihr nicht tastet, steht euch meilenfern, Was ihr nicht faßt, fehlt euch ganz und gar, Was ihr nicht rechnet, glaubt ihr, sei nicht wahr, Was ihr nicht wägt, hat für euch kein Gewicht, Was ihr nicht münzt, das, meint ihr, gelte nicht« (Mephisto, Faust II). Deshalb kann sie uns nicht helfen, unser Leid zu verstehen, zu ertragen und zu überwinden und uns dem Tod zu stellen. Dazu bedarf es ganz anderer Kenntnisse und eines anderen Weltbildes. Die Medizin weiß ja nicht einmal, warum der eine trotz verschlissener Wirbelsäule Tennis spielen kann, während der andere bei jedem Schritt zusammenzuckt, obwohl das Röntgenbild keine Schäden am Rückgrat zeigt. Wir haben allen Anlaß, ihr zu mißtrauen. Wir haben darüber hinaus allen Anlaß zum Mißtrauen den fertigen Wahrheiten und Gedanken gegenüber, auch den eigenen und vor allem diesen. Die Aufgabe jedes einzelnen Menschen ist nichts Geringeres, als immer wieder das Rad zu erfinden, immer wieder die Welt wie neu zu betrachten, immer wieder um Verstehen zu kämpfen. Sich des sicheren Korsetts zu entledigen, wenn man glaubt, kein Rückgrat zu haben, erfordert Mut. Krücken sind nur dem von Nutzen, der nicht laufen kann. Lebenskrücken können daher nicht von Nutzen sein, sie machen uns nur schwächer, denn das Leben ist dem Menschen zumutbar.

Wissende Ärzte haben das immer gewußt. »Wer nichts weiß, liebt nichts. Wer nichts tun kann, versteht nichts. Wer nichts versteht, ist nichts wert. Aber wer versteht, der liebt, bemerkt und sieht auch... Je mehr Erkenntnis einem Ding innewohnt, desto größer ist die Liebe... Wer meint, alle Früchte würden gleichzeitig mit den Erdbeeren reif, versteht nichts von Trauben« (Paracelsus).

7. Kapitel

Garantien für das Jenseits

Aus der Sicht des Menschen ist das Universum zweifellos eine unvorstellbare Sache. Da haben wir nun herausgefunden, daß die Erde keine Scheibe ist, die von einer Schildkröte auf dem Rücken getragen wird; da wissen wir nun, daß unsere Sonne eine unter unzählbaren ist – überhaupt nichts Besonderes; wir haben Flora und Fauna unseres Planeten erforscht und katalogisiert und finden es kaum mehr ein Lachen wert, daß es so kuriose Manifestationen des Lebens wie Gürteltiere, Elefanten, Ameisen und Menschen gibt. Wir halten Gottes Fähigkeiten für so begrenzt, daß wir letztere für die Krone der Schöpfung, das Ende der Evolutionskette und nicht für ein noch nicht ausgereiftes Übergangsmodell halten, das noch viele Mängel aufweist – sind wir doch noch nicht einmal selbstreinigend wie viele andere Tiere. Wir kennen auch den Mikrokosmos, und sogar hartgesottene Positivisten und Atheisten glauben mittlerweile an das, was man nicht sehen kann, zumindest dann, wenn es sich um Bakterien oder Vitamine handelt. Soweit uns bekannt ist, sind wir die einzigen Lebewesen, die über die Fähigkeit zur bewußten Reflektion verfügen. Uns einen Reim auf alles zu machen ist uns bis heute dennoch nicht gelungen. Oder wie es ein Physiker einmal ausdrückte: Wir wissen zwar, wie es funktioniert, aber wir wissen nicht, warum es existiert. Wir haben trotzdem immer wieder versucht, zu begreifen. Und das ist gut so.

Die Frage nach dem Sinn des Lebens liegt nahe. Es

kann auch der genußhungrigste Hedonist, der verzweifeltste Atheist, der rationalste Agnostiker und der machtgierigste Berufschrist nicht umhin, sich mit einem Blick auf die Schöpfung zumindest hin und wieder zu fragen: Wozu dieser ganze Aufwand, wenn doch am Ende jeder unschön sterben muß? Der Antworten sind viele. Sie reichen von dem Verdacht, daß unser Universum ein Molekül in einem Tischbein sei, bis zu dem Glauben, es sei das Werk eines gebärfähigen alten Mannes, der ansonsten nichts Besseres zu tun hat, als ausgerechnet uns nach unserem Tode zu seinen Füßen sitzen zu sehen. In Wahrheit gibt es nur eine einzige Antwort, und die ist ganz einfach: Niemand weiß es, solange er in Raum und Zeit lebt. Vielleicht werden wir es wissen, wenn wir die Endlichkeit hinter uns gebracht haben, also tot sind. Wäre es von Belang für diese Welt der Endlichkeit, wüßten wir es, denn das Leben rüstet immer mit allem aus, was ein Lebewesen zum Leben braucht. Nichts fehlt uns dazu, alles hat seinen manchmal sogar mehrfachen Sinn, und es gibt auch nichts Überflüssiges, nichts Sinnloses. Wenn die Katze sich putzt, dann hat sie anschließend nicht nur ein sauberes Fell, sondern es werden dadurch außerdem Drüsen unter der Haut angeregt, das Fell geschmeidig zu halten und wasserdicht zu imprägnieren. Gleichzeitig nimmt das Tier mit der Zunge winzige Mengen des unter Sonneneinwirkung auf dem Fell entstandenen, lebensnotwendigen Vitamines A auf, während das Bespeicheln zusätzlich noch den Wärmehaushalt des Tieres reguliert, also die Kühlfunktion des Schwitzens ersetzt. Dazu kommt noch das Vergnügen, das die Katze uns Menschen bereitet, wenn wir zuschauen dürfen, mit welcher Eleganz und Anmut sie das macht. Dermaßen durchdacht ist unser

Universum, und das Leben ist sparsam in all seiner Fülle, nie vergeudet die Natur etwas. Wir haben Arme und Beine zum Fortbewegen und Greifen, wir haben Organe, die den Stoffwechsel besorgen, wir haben ein Hirn zum Denken und Kommunizieren, Sinne zur Wahrnehmung, die Erde hat Wasser für uns und Nahrung und manches, um Wärme und ein Obdach zu bekommen. Jeder hat ausreichend Probleme am Hals, um daraus zu lernen und daran reifen zu dürfen. Alles, was wir tun müssen, ist, unser Leben als Teil des ganzen Universums zu leben und uns daran zu freuen.

Die Freude hält sich in Grenzen, weil wir wissen, daß wir sterben werden, quasi bereits mit dem Todesurteil in der Tasche aus dem Leib der Mutter ins Leben kriechen. Der Wunsch, dies verstehen zu wollen, ist nur zu verständlich. Was wir beobachten können, ist durchaus dazu geeignet, uns furchtsam werden zu lassen. Tod, die Trennung der Dreieinigkeit Körper, Seele und Geist, ist Mühsal, Leid und Schmerz für den Betroffenen, ein »Danach« wie bei der Geburt, dem Zusammenkommen dieser Dreieinigkeit, ist nicht mehr mitteilbar, nicht erfahrbar. Am Ende bleibt ein Leichnam übrig, der stinkend zerfällt und angesichts dessen einem die Lebensfreude vergehen kann, wenn uns nicht bereits die Aussicht auf die Gebrechlichkeit des Alters hat verdrießlich werden lassen. Nun gibt uns gerade die Natur, die nie etwas verkommen läßt, Anlaß anzunehmen, daß nichts aus dem Nichts entsteht und nichts ins Nichts geht. Die Frage ist nur: Was? Wo kommt es her? Wo geht es hin? Und welche Rolle spielen wir dabei? Warum erst geboren werden, wenn wir doch sterben müssen? Was den Körper angeht, sind wir ganz gut informiert, dank unserer Art von Wissenschaft. »Der Haushalt der Natur sorgt dafür, daß auch die letzte Ganglienzelle Michelangelos von Würmern zerstört, von Fäulnisbakterien in etwas Restwärme zerlegt, in der nächtlichen Abstrahlung die Biosphäre verläßt, um einen unerheblichen Beitrag zur Erwärmung des kalten Weltraums zu leisten« (Rupert Riedl in: Die Strategie der Genesis). Diese Zukunftsperspektive sollte uns vergleichsweise kaltlassen, zumal als des Ich beraubter Leichnam. Bleibt die Frage, was mit dem Rest geschieht, mit Seele und Geist. Gibt es sie? Sind sie auch dahin, wenn der Mensch gestorben ist? Ist die Decke der Sixtinischen Kapelle das Werk eines Angehörigen der sinnlosen irdischen Evolution, die aus einem ebenso sinnlosen Zufall entstand? War es der ewige, göttliche Funke, der die Hand führte? Was hat der göttliche Funke mit der vom Körper befreiten Seele vor? Ist der göttliche Funke, das jenseitige Paradies, nur eine Wunschvorstellung, weil der Tod weniger zum Fürchten ist, wenn man noch etwas hat, worauf man sich freuen kann, etwa, wie für Kinder der Spinat besser rutscht, wenn es hinterher noch Pudding gibt?

Alle Vorstellungen, die sich der Mensch über Herkunft und Verbleib der Seele machen kann, sind naturgemäß beschränkt. Er ist gezwungen, Transzendenz innerhalb der menschlichen Grenzen zu erreichen. Dagegen ist die Quadratur des Kreises eigentlich ein Kinderspiel. Daß wir unsere beschränkten transzendenten Erfahrungen auch noch in Sprache kleiden müssen, wenn wir sie beschreiben wollen, macht die Sache noch anfälliger für Mißverständnis und Mißbrauch. Die Ergebnisse sind dementsprechend: Ein Spiegelbild der jeweiligen Gesellschaftsform, ihrer Lebensbedingungen, ihrer Geistesverfassung und der in ihr gewachsenen menschlichen Wünsche und Ängste.

Zu ernsthaften Problemen wächst es sich dann aus, wenn wir das vergessen und unsere Art der Transzendenz zum Beispiel demagogisch zur einzig möglichen für alle Gesellschaften erklären. Transplantierte Transzendenz hat immer fatale Folgen. Transzendenz läßt sich nur direkt erfahren in der Begegnung mit dem Unvorstellbaren, Unaussprechlichen, wenn wir innehalten, stillhalten, nicht mehr denken, sondern einfach nur sind. Die Wege dorthin sind mannigfaltig; Rezepte gibt es in Wahrheit keine, denn der Erleuchtung ist es egal, wie man sie erlangt. Manche üben ein Leben lang vergeblich in klösterlicher Abgeschiedenheit, andere trifft die Tiefe der Erkenntnis über Leben und Tod absichtslos beim Geschirrspülen zwischen zwei tropfenden Tellern. Manche transzendenten Erfahrungen sind von blitzartiger Flüchtigkeit, andere offenbaren sich als grandiose Gefühle oder intensive Visionen. Man kann sie nicht erzwingen, sie scheinen keiner uns bekannten Gesetzmäßigkeit zu unterliegen. Sie sind auch keine Frage von Intelligenz, Bildung oder Herkunft. Nicht jeder, der sie erlebt, ist gleich ein Prophet, aber manche waren oder sind es oder werden es sein. Die Propheten von den Wichtigtuern und Geldschneidern zu unterscheiden ist nicht immer leicht. Die wahren Erleuchteten stehen vor der schweren Aufgabe, ihre Erfahrungen so zu beschreiben, daß sie für andere Menschen etwas bedeuten können.

Beschreiben läßt sich dieses Unaussprechliche, Unbeschreibliche nur in Metaphern, wobei wir auf das jeweilige Hier und Jetzt und die darin gemachten Erfahrungen zurückgreifen müssen. Hieraus müssen die Metaphern genommen werden, sonst versteht es keiner, nicht einmal der, der die transzendente Erfahrung gemacht hat. Legenden sind Metaphern, Mythologien sind Metaphern, Kulte sind Metaphern, Religionen sind Metaphern. Gott ist eine Metapher, ganz gleich, ob er Indra, Jahwe, Allah, Gottvater, Demeter oder das Nichts genannt wird. Gott ist ein Gedanke, Gott ist ein Name, Gott ist eine Vorstellung für etwas uns Unbekanntes. Er hat kein Geschlecht, ist kein Er, Sie oder Es, hat keinen Namen, keine Gestalt und keine Form, ist nicht viele und nicht einer. Er ist uns nicht nah und auch nicht fern, nicht anders als wir und nicht gleich uns. Er ist das, was wir nicht wissen, aber nicht das Gegenteil von dem, was wir wissen. Metaphern (griech. = übertragen) sind sprachliche Bilder, die dann gebraucht werden, wenn die Sprache für die Bezeichnung einer Sache keine eigentliche Benennung kennt. Durch assoziative Deutung erschließen sie eine expressive Tiefendimension und erweitern ihren Bedeutungsraum.

Metaphern, in diesem Fall vor allem Mythen und Religionen, was letztlich auf ein und dieselbe Sache hinausläuft, haben zweierlei Funktion. Zum einen lehren sie uns, was allen Menschen gemeinsam ist. Sie sind ein Leitfaden auf der Suche nach Wahrheit, nach der Bedeutung des Geheimnisses des Lebens, nach dem spirituellen Potential der Menschheit. Diese Funktion verbindet den Menschen mit seiner eigenen Natur und der ganzen Welt. Die zweite Funktion ist rein soziologisch und pädagogisch. Sie hilft dem Menschen, sich in einer bestimmten Gesellschaft zurechtzufinden. Beide Funktionen befinden sich in Interaktion. Dennoch haben Religionen den Schwerpunkt mehr auf der einen oder der anderen Funktion, ohne daß dies Unausgewogenheit bedeuten muß, denn der Schwerpunkt hat sich aus den Lebensumständen und der historischen Entwicklung ergeben. Andere sind im

Laufe der Geschichte ausgesprochen unausgewogen geworden und müssen Dogmatismus an die Stelle von Anpassung und lebendiger Entwicklung, also direkt erlebter Religiosität setzen. Für das Verstehen sowohl der Entstehung des Unsterblichkeitswahns als auch seiner Auswirkungen auf den einzelnen Menschen ist es von Bedeutung, verschiedene der großen Weltreligionen auf ihre Entwicklung und gesellschaftliche Bedeutung hin zu betrachten. Wir werden feststellen, daß eine Religion so lange sinnvoll für eine Gesellschaft ist, wie sie sich entweder im Laufe der Geschichte mitentwickelt, oder aber solange sie auf dem geographischen Boden ihres Ursprungs, auf dem sie gewachsen ist, verbleibt. Sobald eine Religion einer Gesellschaft, die sie nicht hervorgebracht hat, aufgedrückt wird, führt das ins Unheil.

Beispiele für sozial orientierte Religionen sind das Judentum und der Islam. Dies erklärt sich daraus, daß beide Glaubensrichtungen aus Völkern von Wüstennomaden hervorgegangen sind. Wer als Hirtenvolk durch die Wüste wandert, muß seinen Mitgliedern beibringen, daß die Gruppe das Zentrum des Lebens ist. Einer allein ist in der Wüste verloren, und nonkonformes Verhalten eines einzigen Mitgliedes kann das Überleben der ganzen Gruppe gefährden. Die umgebende Natur ist geizig, feindlich und bedroht das Überleben, sie wird als getrennt vom Menschen erfahren. So müssen die Mitglieder außerdem lernen, daß die Natur zum eigenen Überleben kontrolliert werden muß. Man muß sie sich untertan machen. Günstigstenfalls hat sie keinen Zusammenhang mit dem Menschen. Beide Religionen haben daher genaueste Vorschriften, wie sich ihre Angehörigen im Leben zu verhalten haben. Es wird geregelt, was man essen darf, und was nicht, wie man sich zu kleiden hat, wie man sich zu seinen Mitmenschen verhält, soweit sie Angehörige desselben Glaubens sind, und wie man sich Andersgläubigen gegenüber verhält. Thora und Koran sind daher nicht nur Heilige Schriften, sondern auch Gesetzbücher. Beide Religionen sind vaterrechtlich orientiert und glauben an einen personalen, männlichen Gott, obwohl beide Abbilder dieses Gottes streng verbieten. Dies wird so konsequent eingehalten, daß es auch keinen Repräsentanten Gottes auf Erden gibt, also kein religiöses Oberhaupt, das die Gesetze durchsetzt. Diese werden von den Priestern vertreten, die deshalb gleichzeitig Rechtsgelehrte sein müssen. Um diese Aufgabe sinnvoll erfüllen zu können, stehen Rabbi und Imam mitten im Leben, sind verheiratet und haben Kinder. So ist in beiden Religionen nicht nur Gott das Gesetz, sondern die Begegnung zwischen Mensch und Gott geht aus dem Wunsch Gottes hervor, sich den Menschen zu nähern, um ihnen zu helfen, sich in der Welt zurechtzufinden.

Im Judentum und im Islam ist es nicht der Mensch, der in der Wüste seiner Verlassenheit nach einem göttlichen Zeichen ruft, um seine Angst vor dem Tode zu lindern. In beiden Religionen meldet Gott sich von sich aus bei den Menschen, das macht sie zu Auserwählten. Jahwe ist es, der Moses die Gesetzestafeln übergibt, und Allah, der sich dem Propheten Mohammed in Visionen offenbart und ihm mitteilt, was der Prophet später im Koran niederschrieb. Daß Gottes Gesetz nur für die Auserwählten gilt und ihr Überleben garantieren soll, ersehen wir aus dem Beispiel, daß das fünfte Gebot in der Hebräischen Bibel zwar lautet »Du sollst nicht töten«, aber schon wenige Kapitel später werden die Juden von Jahwe aufgefordert, nach Kanaan zu gehen und dort alle umzubringen. Beide Religionen kennen Propheten, durch deren Mund Gott sich den Gläubigen offenbart; sie sind Erleuchtete, aber keine Heiligen oder gar Götter, denn ein Mensch beider Glaubensrichtungen kann nicht Gott sein. Alles, was man tun muß, um als Jude oder Islami ein gottgefälliges Leben zu führen, ist, die göttlichen Gesetze einzuhalten. Solange man sich daran hält, zürnt Gott nicht, wozu er eigentlich allen Grund hätte, denn der größte Gesetzesbruch fand bereits am Anfang der Menschheitsgeschichte mit dem Sündenfall statt, weshalb der Mensch auf ewig in Gottes Schuld steht und von ihm getrennt sein muß. Wer seine Gesetze direkt von Gott empfängt, hat nicht das Recht, sich über seinen Gott zu erheben, indem er die Gesetze kritisiert oder Informationen verlangt, die dieser nicht von sich aus gegeben hat. So wird ein Angehöriger dieser beiden Glaubensrichtungen sich keine großen Gedanken zum Jenseits über ihre Heilige Schrift hinaus machen, noch darf er es. Das historisch ältere Judentum glaubte zu Zeiten der Sadduzäer sogar überhaupt nicht an ein Leben nach dem Tode. Beide betrachten den Tod jedoch als göttliche Strafe für den Sündenfall, weil beide der Sicherung des Patriarchates dienen. Beide Religionen sind nach wie vor lebendig, weil sie ihren Sinn für die ihnen Angehörenden nicht verloren haben, sich also im Einklang mit den gesellschaftlichen Bedingungen befinden. Zwar war die Wüste den Juden schon bald nicht mehr Lebensraum, aber ihre Gesetze ermöglichten ihnen das Überleben in der Diaspora, in einer ihnen prinzipiell feindlich gesonnenen Welt, gegen die die Wüste geradezu ein Paradies gewesen sein muß. Der Islam wird nach wie vor in dem geographischen und historischen Raum praktiziert, in dem er entstanden ist.

Die spirituellen Religionen der Völker, die seßhaft waren und die die Erde kultivierten, basieren auf anderen Voraussetzungen. Diese Religionen beruhen auf der Verehrung der Natur, von und in der der Mensch lebt. Hier ist Gott nicht getrennt von seiner Schöpfung, sondern er ist die Schöpfung. Das ganze Universum ist göttlich, so auch der Mensch, der ein Aspekt Gottes von vielen ist. Diesen Religionen ist die menschliche Hinwendung zu Gott und der beseelten Natur von Bedeutung; der Wunsch nach Spiritualität ist wesentlicher als göttliche Gesetze zur Regelung des sozialen Lebens, die sich aus der Achtung vor der Natur ganz von selber ergeben. Spirituelle Religionen finden sich zum Beispiel in der historisch erfaßbaren Vergangenheit bei den alten Ägyptern, den mutterrechtlichen Kelten und den ebenfalls matrilinearen kretischen Minoern. Dazu zählen auch patriarchalische Religionen wie die japanische Shinto-Religion, der indische Hinduismus und der in weiten Teilen Asiens verbreitete Buddhismus in seinen verschiedenen Formen. Diesen Religionen liegt es fern, die Natur zu kontrollieren oder sie sich untertan zu machen. Sie ist Lebensspenderin und daher göttlich. Der Mensch bedarf Gottes Hilfe, um sich im Einklang mit ihr darin zu bewegen; diese Hilfe wird nicht durch Unterwerfung erlangt, sondern durch aktives Handeln, durch den Versuch, sich dem Göttlichen durch Entwicklung eines höheren Bewußtseins zu nähern. Daher sind Priester dieser Religionen aus dem alltäglichen Leben herausgenommen und konzentrieren sich an besonderen Plätzen auf die Entwicklung eben dieses höheren Bewußtseins. Es gibt Erleuchtete und Meister. Aber auch in diesen Religionen werden Menschen nicht zu Göttern, wenn auch Götter menschlich dargestellt sein können. Ein Shinto-Text besagt, daß Natur nicht böse sein kann, daher darf die Natur nicht korrigiert, dürfen ihre Prozesse nicht gestört werden, sondern sie muß durch Kunst verehrt, geliebt und transzendiert werden. Allen diesen Religionen ist die Scheu vor dem Eingriff in die Natur zu eigen. Etwas Vergleichbares wie der Sündenfall ist ihnen unbekannt, dagegen gibt es beispielsweise die Vorstellung, daß die Welt aus einem einzigen musikalischen Ton entstanden sei, aus dem sich der Kosmos und alles Leben entwickelt habe wie eine einzige Melodie. In dem Bild dieser Vorstellung ist die Fülle der Natur enthalten, die man nur verstehen muß, um von ihr beschenkt zu werden. Der Tod wird als Vollendung eines Zyklus verstanden, entsprechend den Beobachtungen von Naturvorgängen. Aus der gleichen Beobachtung von immer wiederkehrenden Zyklen ergibt sich auch die Ansicht über Herkunft und Verbleib der unsterblichen Seele. So findet sich in allen spirituellen Religionen der Gedanke der Wiedergeburt.

Das Christentum schließlich ist die Religion, die dem Unsterblichkeitswahn vollends zum Opfer gefallen ist, ebenso wie zu einem späteren Zeitpunkt der eigenen und der Menschheitsgeschichte der Islam. Das sind immerhin rund zwei Drittel der Weltbevölkerung (40,9 % Christen; 22,2 % Moslems). Beide Glaubensrichtungen haben deshalb im Laufe ihrer Geschichte immer wieder Krieg und Vernichtung, das heißt künstlichen Tod über die Menschheit gebracht. Der Islam befindet sich als sozial orientierte Religion mit der Hinwendung zur Machtpolitik und zu weltlichen Belangen nur leicht im Widerspruch zu seinen Lehren. Vielleicht ist es angebracht, auch im Judentum seit der Gründung des Staates Israel und dessen Haltung gegenüber den Palästinensern einen Verfall religiöser Werte im Sinne eines Mißbrauchs zu erkennen. Es ist aber das Christentum, das sich als einzige Religion auf die bedingungslose Nächstenliebe beruft und sich darüber hinaus kurioserweise sowohl als spirituelle wie soziale Religion begreift und doch stets das Gegenteil praktizierte: statt Liebe Hass, statt Gewaltlosigkeit Gewalt, statt Achtsamkeit und Toleranz Unterwerfung, statt Freiheit Dogma, statt nicht zu richten zum Richter über alle Menschen zu werden, statt Hinwendung zu Gott und Transzendenz machtpolitische Schlachten um irdischen Plunder, statt Wahrheit Lüge, statt Lernen aus Reue und Vergebung aus Liebe Angst durch Schuldgefühle, Schuld und Strafe, statt fließende Lebendigkeit der starre, künstliche Tod.

Wie war das möglich? Warum ausgerechnet das Christentum? Was stimmt nicht an der Lehre Jesu? Um es vorwegzunehmen: An der stimmt alles. Die Botschaft des aus Nazareth stammenden Jesus lautete: Liebe alles Leben bedingungslos und fürchte dich nicht vor dem Tod. Er predigte Achtsamkeit und Gewaltlosigkeit. Er forderte die Menschen auf, andere nicht zu richten und die Verantwortung für sich in aller Konsequenz selber zu tragen, um frei zu sein und für das, was man getan hat, mutig und im Vertrauen zur Liebe Gottes einzustehen. Er sprach von der Auferstehung vom Tode, andere mögen es Wiedergeburt nennen. (Nebenbei: Die meisten christlichen Priester reagieren nervös auf die Frage, warum der Taufspruch eigentlich mit den Worten: »Wiedergeboren bist du aus Wasser und Heiligem Geist« beginnt. Sie erzählen dann gern, die Taufe, wenn der Mensch also in Gottes Hand gegeben werde, sei eine symbolische Wiedergeburt und hätte nichts mit dem Gedanken der

Wiedergeburt heidnischen Ursprungs zu tun.) Dies sind zutiefst spirituelle Botschaften, wie sie schon Buddha 500 Jahre vor Jesus predigte. Jesus war Jude, und es ging ihm um eine spirituelle Erneuerung des jüdischen Glaubens, in dem er aufgewachsen war und der ihm so viel bedeutete, daß er mit ihm kämpfte. Ganz sicher ging es ihm nicht um die Bildung einer neuen Religionsform oder gar die Gründung einer sich im Gegensatz zum Judentum befindlichen Kirche, um an dieser Stelle nur auf eines der Mißverständnisse und deren bittere Folgen hinzuweisen. Wer ihn verstehen will, muß ihn mit jüdischen Augen betrachten und sollte ihn vor dem geschichtlichen Hintergrund der Zeit sehen, in der er gelebt hat.

Er wurde in eine Zeit hineingeboren, die von ähnlich politischer Explosivität war wie die im heutigen Palästina.

Nur waren damals die Juden an der Stelle der heutigen arabischen Palästinenser. Seine Heimat Galiläa wurde vom römischen Kaiser Claudius als »Fieberherd« Palästinas bezeichnet. Von 61 jüdischen Aufständen gegen die mächtigen Besatzer aus Rom brachen 60 in Galiläa los. Er kam aus einem radikalkonservativen religiösen Milieu. Es war dieses Milieu, das ihn geprägt hatte – und mit dem er brach. Er hatte ein »von Grund auf gestörtes Verhältnis« zu seiner Mutter, die er kalt »Weib« nannte, eine Anmaßung für einen jüdischen Sohn, für die der Jesusforscher Schalom Ben-Chorin in unzähligen Zeugnissen jüdischen Familienlebens nach einer Parallele gesucht, sie aber nicht gefunden hat. Seine Familie, seine Mutter und seine vier Brüder hielten ihn für meschugge, weil er ein Aussteiger war. Wie brisant dieser Ausstieg war, läßt sich nachvollziehen, wenn man sich die wahr-

scheinliche Reaktion einer heutigen militanten palästi-
nensischen Familie vorstellt, wenn einer ihrer Söhne,
statt Führer der Intifada werden zu wollen, plötzlich
anfangen würde, Liebe auch zu den Feinden und Gewaltlosigkeit zu predigen. Sein Tod war anfangs
eigentlich eher eine politische denn eine religiöse Tra-
gödie. Obwohl in dieser Zeit religiösen Erweckungsei-
fers viele Wunderprediger und Wunderheiler durch
das Land zogen, war Jesus von Nazareth anders als die
anderen. In dem knappen Jahr, das er predigte, liefen
ihm jedenfalls die Massen zu. Selbst das hätte man
noch einigermaßen verkraftet, wenn er nicht auch
noch angefangen hätte, vollends sozial auffällig zu
werden, indem er wie ein Berserker durch den Tempel tobte und alle die im Schatten der Macht satt und
fett Gewordenen, mit der römischen Macht Arran-
gierten hinausgejagt hätte. Das machte ihn unberechenbar. Die Sadduzäer, die damaligen hohen Priester, die den Tempel beherrschten, wußten, daß ein
größerer Aufstand gegen die römischen Besatzer im
nationalen Desaster enden würde, noch dazu, wenn
einer dieser unberechenbaren galiläischen Heiß-
sporne an ihrer Spitze stand. So opferten sie »realpoli-
tisch« lieber diesen einen Mann als das ganze Volk. Die
Sache mit dem Erlöser hatten sie sowieso nie ganz
ernst genommen, sie ließ sich aber jetzt bestens gegen
Jesus verwenden. Mehr Bedeutung hatte seine Lehre
nicht für diese im generationenlangen Umgang mit
der Macht knochentrocken gewordenen gerontokraten Männer. Keine spirituelle Lehre der Welt hätte
diese alten Herren beeindrucken können. Sie überlie-
ßen ihn Pontius Pilatus, der mit ihm kurzen Prozeß
machte; vielleicht war dem wirklich nicht ganz wohl
dabei, aber er war nicht der letzte Beamte auf dieser

Welt, der seine Hände in Unschuld wusch, wenn dadurch nur Ruhe und Ordnung wiederhergestellt wurden. Jesus endete am Kreuz. Es war eine von etwa siebentausend Kreuzigungen, die Pontius Pilatus während seiner zehnjährigen Amtszeit anordnete.

Das Neue Testament, so der jüdische Jesusforscher David Flusser, sei zwar eine Sammlung von Fan-Berichten, dennoch seien sie historisch aufschlußreich genug, daß sich diese Sicht von Jesu Leben daraus ablesen läßt, sofern man bereit und fähig ist, Jesus als Sohn seines Volkes zu sehen.

Die Methode einer Gruppe von jüdischen Jesusforschern, die die »Schule von Jerusalem« genannt wird, ist von dieser genialen Einfachheit der Sicht. So untersuchte der Religionswissenschaftler Pinchas Lapide beispielsweise die Namen, die Josef und Maria ihren Kindern gaben. Sie finden sich im 13. Kapitel bei Matthäus und scheinen den vielen Bibel-Bereinigern, die die Heilige Schrift im Laufe der Jahrtausende immer wieder in ihrem Sinne veränderten, entgangen zu sein. Dort wird erwähnt, daß Jesu Brüder Jakob, Josef, Simon und Judas hießen. In einer Zeit, in der 80 Prozent der jüdischen Bevölkerung Palästina verlassen und sich in den griechischen Städten des Mittelmeerraums angesiedelt hatten, waren das sehr ungewöhnliche Namen. Während allgemein griechische und lateinische Namen wie Philippus, Andreas und Nikodemus oder Markus, Matthäus, Lukas und Johannes auch bei den Juden bereits modern und üblich waren, hießen die Söhne dieser Familie nach rebellischen jüdischen Volkshelden. Die Bedeutung des fünften Namens, Jesus, ist: Gott wird erretten: »Ein Name wie ein Stoßgebet um nationale Befreiung« (Pinchas Lapide).

Vor dem Hintergrund einer Religion, die lehrt, daß Gott sich von den Menschen durch deren Sündenfall abgewandt, sie also quasi in die Wüste geschickt hatte, und in einer Zeit, in der das jüdische Volk die Hilflosigkeit ihrer göttlichen Gesetze angesichts der brutalen politischen Macht der Römer erfahren mußte, weshalb es – aufgrund früherer Erfahrungen mit ihm nicht ganz unberechtigt – auf neue Hilfe von Gott wartete, mußten die Lehren Jesu Christi, der sagte, daß Gott alle Menschen liebe und der Tod nur die andere Seite des Lebens sei, wie eine Erlösung vom Warten auf ein Zeichen Gottes erscheinen. Jesu Lehre wurde trotzdem nicht zu einer spirituellen Erneuerung des Judentums, er wurde nicht der Messias, und zwar aus demselben Grund, weshalb seine Lehre für andere in anderen Ländern brauchbar war. Aus ihr wurde in Europa eine lebensfeindliche Religion, die jahrtausendelang blutrünstige Mörder hervorbrachte.

Die Ursache ist nicht in der Lehre des Jesus zu finden, sondern in der unvereinbaren Widersprüchlichkeit – Psychologen nennen es *double-bind* – des Alten und des Neuen Testaments. Die unentwirrbare Verwirrung wird dadurch hervorgerufen, daß der Mensch einerseits per definitionem durch den Sündenfall als Sünder geboren wird, was ihm als Strafe Gottes erklärt wird, und andererseits vollstes Vertrauen in diesen Gott haben soll, der ihm als bedingungslos liebend erklärt wird. Wird eine derart widersprüchliche Botschaft dann auch noch in eine Gesellschaft verpflanzt, die sich als Teil der göttlichen Natur und nicht getrennt von ihr erlebt, wird die Unsicherheit irreparabel. Manche sind schon durch harmlosere Widersprüche in den Wahnsinn getrieben worden. Zu den kuriosen Folgen dieser unvereinbaren Widersprüchlichkeit, die sich aus dem Versuch ergibt, eine gleichzeitig spirituelle wie soziale Religion zu praktizieren, gehören die zölibatären männlichen Priester, die zuständig für Vorschriften über Sexualität und Fortpflanzung sind.

Dem Unsterblichkeitswahn erlag das Christentum durch zweifache Transplantation. Das erste Mal wurde die Lehre Jesu, der noch in der Apostelgeschichte des Lukas als Prophet bezeichnet wird, zum Transplantat für die griechische Kultur. Zu diesem Zeitpunkt waren die im Patriarchat lebenden Griechen bereits an die tausend Jahre mit der Produktion toter Kinder aus männlichen Hirnen beschäftigt, der wahre Sündenfall, der Untergang des Matriarchats, war bereits Geschichte. Doch obwohl die Frau schon seit der griechischen Antike derart mißachtet war, daß heutige fundamentalistische islamische Frauen dagegen geradezu selbstbestimmt und frei sind, obwohl Gottmutter in der Gestalt der Hera zu einer mieselsüchtigen Figur verkommen war, deren Hauptaufgabe nunmehr offensichtlich darin bestand, ihrem Gatten Zeus auch nicht das kleinste Vergnügen zu gönnen, war die Verehrung der Gottmutter nicht auszurotten. Neue Männer hatte das Land, aber keine passende Religion. Die einstmals spirituelle Religion des Mutterrechts kam immer wieder zum Vorschein und blieb eine Bedrohung, denn sie trug die Gefahr der Entlarvung des gegen die Natur gerichteten Patriarchats in sich. Die den Griechen ja bekannte vaterrechtliche Religion der Juden war als Ersatz nicht geeignet, sie hätte erstens, weil sozial, den spirituellen Bedürfnissen der Griechen nicht genügt und wäre daher als Transplantat abgestoßen worden und hat zweitens als markantes Merkmal die Abgrenzung gegen andere und nicht deren Missionierung. Wie müssen sich die griechischen Patriarchen über den Besuch des ehemaligen Zeltmachers und ausgebildeten Pharisäers Paulus gefreut haben, der mit dem Christentum im Gepäck für die Lösung des Problems sorgte. Es war genau das Passende, beinahe maßgeschneidert. Und was daran nicht ganz so paßte, wurde leicht passend gemacht. Die Zeit drängte, sie war überreif. Diese Lehre war spirituell, also geeignet, vom Volk angenommen zu werden. Außerdem ruhte sie auf dem Fundament einer patriarchalischen Religion mit göttlichen Gesetzen, die die Negierung der Natur sogar von höheren Orts her rechtfertigte, die Zweitrangigkeit der Frau daher als gottgewollt darstellte und als soziale Religion jeden Eingriff in das gesellschaftliche Leben erlaubte. Damit ließ sich schon etwas anfangen. Und als ob das nicht schon passend genug wäre, ließ sich die Lehre des Nazareners, die eigentlich trotz Gottvater in ihrer Essenz fast dasselbe besagte wie der spirituelle Gottmutterglauben, entschärfen und mit ein wenig Geschick sogar dazu benutzen, gerade die Abwendung vom lebendigen Tod zu rechtfertigen, alle neurotische Angst vor Tod und Sterben als natürlich hinzustellen und als Instrument der Unterdrückung und Disziplinierung benutzen. Das war alles lediglich eine Frage der Auslegung und der Zugeständnisse an herrschende Gepflogenheiten, und schon kam das Gegenteil von dem heraus, was Jesus gepredigt hatte. Ob nun Verkündigung der Frohbotschaft oder Kolonialisierung – welch kleinliche Haarspalterei! Wer auf einer Unterscheidung bestand, den konnte man nun mühelos von der Erlösung ausschließen. Mit ein wenig Unterwerfung durch Mord und Totschlag ließ sich der Mantel der Liebe auch über die Heiden breiten. Auf diesen Mantel konnte man deshalb nicht verzichten, weil sich darunter auf ideale Weise patriarchalische, lebensfeindliche und machtpolitische Interessen unbemerkt transportieren ließen. Griechenland wurde nun wahrhaftig zur Wiege des Abendlands und bereitete so den Weg zur Ausrottung der europäischen Kelten, der Kreuzzüge, der Inquisition, der Ausrottung der Ureinwohner von Nord- und Südamerika, zum Dreißigjährigen Krieg, der Zerstörung der sozialen Gefüge durch Kolonialisierung und Sklavenfang in Schwarzafrika, der Unterstützung der Nationalsozialisten, zum endlosen Gemetzel in Nord-Irland, der Zerstörung des einstmals blühenden Libanon, um nur einige der in diesem Zusammenhang markantesten Meilensteine der abendländischen christlichen Geschichte zu nennen. Alles im Namen Gottes und einiges auch im Namen Allahs. Jahwe gesellt sich erst in der allerjüngsten Geschichte dazu, nachdem er ein paar tausend Jahre pausiert hatte.

Um das Christentum zu etablieren, mußte aus dem Erleuchteten ein Gott werden. Mit erleuchteten Menschen konnten die Griechen nicht viel anfangen, man denke nur an Sokrates. Dagegen bedurften sie der Anbetung figürlicher Götter, es war ihre Art der religiösen Metapher. Daß Menschen zumindest zu Unsterblichen, zu Halbgöttern erhoben werden, war ihnen aus der eigenen Mythologie sehr vertraut und daher glaubwürdig. Den Römern ging es nicht anders. Sie hatten ihr religiöses Weltbild von den Griechen übernommen, da war man sich einig. Daß die Figur des gekreuzigten und nicht etwa die des auferstandenen Christus Gegenstand der Anbetung wurde, erzählt viel. Der leidende Christus hält die Angst vor dem Tod am Leben, da können die Kirchen noch so viel von der

Überwindung des Todes durch die Liebe sprechen. Die geheime Botschaft der Symbole ist dem gesprochenen oder geschriebenen Wort weit überlegen. Der Gekreuzigte ist das Symbol einer der qualvollsten Formen des gewaltsamen, des künstlichen Todes. Dieses Sinnbild hielt man den Menschen zur Anbetung vor und sagte ihnen, Jesus sei aus Liebe zu den Menschen diesen Tod gestorben. Ist er aber nicht in Wirklichkeit diesen gewaltsamen Tod gestorben, weil Menschen ihm diesen aus Lieblosigkeit und politischem Kalkül zugefügt haben? Ist er nicht eher aus Liebe zu den Menschen nach seinem Tode wieder erschienen, um ihnen die Angst vor dem Tod zu nehmen, damit sie begreifen, daß es um mehr als nur dieses kleine Leben geht? Weil die Kirche von allen Metaphern, die sich aus der Lehre und dem Leben Jesu ergeben, ausgerechnet (und wahrscheinlich nicht zufällig) gerade den gewaltsamen Tod zur zentralen Metapher erklärte, war es möglich, daß die Menschen lernten, den gewaltsamen Tod als natürliches Schicksal anzunehmen. Jeder muß sein Kreuz tragen, sagen die Kirchen, und mit einem Blick auf den Gefolterten am Kreuz wagt der Mensch nicht mehr darüber nachzudenken, ob es sein Schicksal ist, das er trägt, oder ob er sich unter dem Joch anderer Menschen beugt und unter den Folgen einer insgesamt bösartigen, kranken Gesellschaft leidet. Es gibt Menschen, die das genau begriffen haben, die jedoch in ihrer Hilflosigkeit keinen Weg aus dem Dilemma finden. An Schizophrenie erkrankte Menschen – also an familiären *double-bind*-Botschaften Zerbrochene – identifizieren sich in auffallender Weise häufig mit dem Gefolterten am Kreuz, weil sie zwischen seinem gewaltsamen Leiden und dem ihren Parallelen erfühlen. Ein Symbol des auferstandenen

Christus an Stelle dieses finsteren Kreuzes, das so nie-
derdrückend ist wie ein eisiger, verregneter Novem-
bertag, hätte dagegen zurück ins Leben geführt.
Daran war niemals jemandem außer Jesus und vielleicht noch seinen Jüngern gelegen.

Den trostlosen Hades, in dem die traurigen Seelen
der Verstorbenen in dunkler Ewigkeit verbleiben, behielt man nicht nur bei, sondern stattete ihn als Hölle
zur ewigen Folterkammer aus. »Heute wirst du mit
mir im Paradiese sein«, sagte der am Kreuz leidende
Jesus zu dem mitgekreuzigten Mörder. Die christliche
Kirche wußte es später besser: Mörder kommen in die
Hölle, und beileibe nicht nur die. Sie hatte für die
nächsten zweitausend Jahre der europäischen Geschichte die alleinige Lizenz zur Vergabe von Garantien für das Jenseits, einmal Strafe in der Hölle, einmal
Belohnung im Himmel. Ein Volk, das seine Götter
stets mit sehr menschlichen Zügen der Unvollkom-
menheit ausgestattet hatte, wie die Griechen, hätte
dem fremden, ernsten, jüdischen Gott die für ein die
Erde kultivierendes Volk nicht sehr überzeugenden
Gesetze aus dem Alten Testament ohne dieses Druck-
mittel vielleicht nicht abgenommen. Nun hatte man
endlich ein neues, zur neuen Gesellschaft passendes
Weltbild; die Heiligen kamen noch dazu. Es gab also
sogar wieder Zuständige für alle Situationen des Lebens anzubeten, da fiel die Umstellung nicht mehr so
schwer. Nur etwas fehlte noch: So ganz konnten die
Griechen auf Gottmutter nicht verzichten, so prokla-
mierte man in Ephesus, wo die Gottmutter Diana ihren Tempel hatte, am Abend des 22. Juni 431 nach
Christi Geburt seine Mutter Maria zur Gottesgebäre-
rin (Theotokos). Das mütterliche Element sei in allen
Religionen ungeheuer wichtig, erklärt der deutsche

Mariologe Wolfgang Beinert. Nun hatten es auch die Christen. Das erwies sich im nachhinein als ein wahres Gottesgeschenk, als es später an die zweite Transplantation ging. Ohne Maria wäre eine Christianisierung Europas kaum durchzusetzen gewesen.

An Stelle der Lehre des Jesus Christus ging nun ein (immer wieder verändertes, ergänztes und den Interessen der Kirche angepaßtes) Dogma um die Welt. Wer braucht ein Dogma? Nur der, der auf die Kraft der Wahrheit nicht vertrauen kann, weil er weiß, ahnt oder befürchtet, daß er eine doppelbödige und damit keine Wahrheit verkündet. Für wen die Lehre Jesu erst dadurch wahr wird, daß Jesus über das Wasser wandeln konnte, und wer es daher nicht ertragen kann, daß das Wunder möglicherweise nur ein unabsichtlicher oder absichtlicher Übersetzungsfehler aus dem Hebräischen ins Griechische war (hebr. über dem Wasser = am Ufer), dem scheint die Lehre selber vielleicht nicht tragfähig genug. Wer den Glauben an Gott dadurch gefährdet sieht, daß man die eintausendachthundertundsiebzig Jahre nach Christi Tod von Männern zur Wahrung ihrer politischen Interessen zum Dogma erklärte unbefleckte Empfängnis Marias nicht recht glauben mag, aus dem spricht statt zuversichtlichem Vertrauen zu Gott ein tiefes Mißtrauen. Der kann selbstverständlich keine Klarheit wollen, keine Forschung zulassen, kein Nachdenken, keine Diskussion, keine freie Entscheidung und keine Eigenverantwortung. Der braucht die Geschlossenheit einer hierarchischen Kirche, in der man sich mit dem Gerangel um Bischofsposten beschäftigt und sich mehr Gedanken darüber macht, welche Menschen zu Heiligen erklärt werden, als über die schlichte und leicht zu begreifende Botschaft der bedingungslosen Liebe. Derjenige wäre der erste, der befürchten müßte, daß das Bild von Gottvater und seinem göttlichen Sohn nicht mehr als eine Metapher ist, hinter der sich der unbekannte Gott verbirgt. Der muß eine Korrektur dieser Metapher, eine lebendige Wandlung, eine wirkliche Umsetzung der christlichen Lehre verhindern, weil er seiner höchst irdischen Macht verlustig ginge und gezwungen wäre, die Wahrheit zu erkennen, daß nur der Gott schauen darf, der zuvor sich selbst durchschaut hat.

Worum es den christlichen Kirchen in Wahrheit geht, ist in »Die Brüder Karamasow« von Dostojewskij anschaulich nachzulesen, eine Episode, die der ägyptische Theologe Henri Boulad nacherzählt. »Wir befinden uns im 16. Jahrhundert in der spanischen Stadt Sevilla. Die Inquisition – ein Sonderkommando der Kirche zur Aufspürung der Häretiker – verfolgt diese bis in ihre letzten Verstecke, ergreift sie, wirft sie in Gefängnisse und foltert sie, bis sie widerrufen...«

Wer also nicht diplomatisch genug war, die Politik der Kirche mitzuspielen, hatte sich zu verantworten, und auf hartnäckige Ketzerei stand die Todesstrafe durch Galgen oder Scheiterhaufen. Vor den Augen des Großinquisitors steht plötzlich Jesus. Er segnet die armen, verschüchterten Menschen, er heilt die Kranken und küßt die Kinder... Der Großinquisitor betrachtet diesen Mann und fragt sich: »Was macht dieser da? Welches Recht nimmt er sich heraus, das Volk aufzuwiegeln?« ... Jesus wird abgeführt, man wirft ihn ins Gefängnis.

Am nächsten Morgen steigt der Großinquisitor zu einem Gespräch unter vier Augen in das tiefe Gewölbe hinunter und steht dort Jesus gegenüber. Er sagt: »Und was willst du, wenn ich fragen darf, was hast du vor in Sevilla? Du störst uns, denn du kommst erheblich zu früh! Schon einmal bist du gekommen, um den Menschen die Freiheit zu predigen, doch du hast damit viel Verwirrung und Unruhe gestiftet und bis zum heutigen Tag Probleme gesät. Glaube uns, der Mensch ist nicht für die Freiheit gemacht, er hat ein elementares Unterwerfungsbedürfnis, er verlangt nach Obrigkeiten, an die er sich hingeben kann. Siehst du nicht ein, wie kläglich du gescheitert bist? Dafür hat man dich ja schließlich gekreuzigt! Glücklicherweise hast du vorher der Kirche Vollmacht verliehen, denn wir Kirchenmänner wissen, wie wir mit dem Menschen umzugehen haben, wir kennen ihn gut. Mit straffer Hand will er geführt sein, er braucht feste Gesetze und Richtlinien, er hat sehr bestimmte Normen nötig, um sich im Leben zurechtzufinden. Was willst du also hier?«

So weit sind wir mit dem Christentum gekommen. Daß es so kommen mußte, wissen wir nun. Es drängt sich die Frage auf, wie wir dem wieder entkommen können; auch diesmal drängt die Zeit, ist überreif. Der dem Leben entfremdete, vom Tode abgewandte Mensch in den Industriedemokratien hat dabei unter einem Handicap zu leiden. Er braucht nach wie vor Garantien für das Jenseits, damit seine Existenz in diesem Jammertal auch nur irgendeinen jenseitigen Sinn für ihn ergibt. Daß dieses Jammertal das Werk des am Unsterblichkeitswahn erkrankten Menschen ist, in dem es gerade deshalb keine jenseitigen Punkte für den armen Lebenskandidaten zu ergattern gibt, vermag er nicht zu erkennen. Zum wahrhaftigen Leben können wir nur hier auf Erden zurückfinden. Im Jenseits, was immer man sich darunter vorstellen will, werden wir andere Sorgen haben. Daß Vorstellungen über das Jenseits von eben diesem von uns geschaffenen Jammertal geprägt sein müssen, weil Vorstellungen sich in den menschlichen Grenzen bewegen und Metaphern nicht im luftleeren Raum entstehen, hat zwangsläufig zur Folge, daß wir immer wieder nach etwas suchen, was unsere Vorstellungen bestätigt. So geraten einerseits immer mehr Menschen aus Unzufriedenheit mit den Staatsreligionen in Unruhe und Bewegung und machen sich auf die Suche nach einer neuen Religion, nach besseren Antworten, nach neuen Metaphern. Das ist nur allzu verständlich, denn Judentum, Islam und Christentum haben sich in diesem Sinne disqualifiziert, wenn man sich beispielsweise den Libanon betrachtet, wo die drei Gruppen sich gegenseitig umbringen, weil man sich nicht einigen kann, ob der Name für den Unbekannten nun Gott, Allah oder Jahwe ist.

Andererseits zeitigt die Suche immer wieder dasselbe Ergebnis. Wir kommen von dem Denken in Gegensätzen – Gut und Böse, Schuld und Sühne, Strafe und Belohnung, Leben und Tod – nicht los. Wir können immer noch erst dann an die Existenz einer unsichtbaren, nichtmateriellen Welt glauben, wenn wir sie beweisen können, und seien es auch fingierte Beweise neuer oder alter Wunder oder neue statt alter Dogmen. Es ist die gleiche alte Angst vor dem Tod, der mehr denn je existierende heimliche Wunsch, den Anforderungen des Lebens zu entkommen, weil wir das Ganze, so wie es ist, als ein großes Geheimnis für unzumutbar halten.

Das Bedürfnis nach einer neuen Religion ist heute so groß, daß es auch marktwirtschaftlich begonnen hat, interessant zu werden. Mancher kann bestens davon leben, und dies wird nun selbst von den Kirchen

nicht mehr übersehen, die nicht ruhen, vor den Schar-
latanen des New Age zu warnen, weil ihnen ihre
Schäfchen stetig davonlaufen. Ihre Furcht ist nicht unberechtigt, was den drohenden Verlust ihrer irdischen
Macht über Menschen angeht. Ginge es ihnen darum,
zu befürchten, daß die Menschheit zu einer neuen, lebendigen Religion findet, so brauchten sie sich keine
Sorgen zu machen. Man geht mit den neuen Erlösern
heute nicht besser um als seinerzeit die Kirche mit
dem ihren. Viele neue Propheten gibt es; sie von den
falschen zu unterscheiden ist weiterhin nicht leicht.
Das spielt wahrscheinlich sogar keine Rolle, denn wie
auch immer die Botschaft lautet, gleich wird sie um-
funktioniert in ein Spiegelbild der eigenen Todesangst. Wir schaffen es, aus jedem religiösen Glauben
einen Selbstbedienungsladen des Unsterblichkeitswahns zu machen. Nach dem zweitausendjährigen,
leidvollen Abenteuer mit dem Christentum ist es nur
zu verständlich, daß Menschen sich in den rein spirituellen Religionen umschauen. Was sie damit anfangen,
ist der alte Hut mit neuen Bändern.

Ob Meier, Müller und Schulze gemeinsam mit ihren
Freunden Gasslhuber, Sobotka und Koslowsky in den
Schwitzhütten der Hopi-Indianer nächtens herumstol-
pern, ob sie mit dem Gedanken der Wiedergeburt umgehen, als wäre es eine Art göttliches Recycling. (Was
in diesem Leben nicht klappt, klappt bestimmt im
nächsten. Waren sie nicht in einem früheren Leben
bereits eine schöne Königin?), ob sie sich eifrig im fe-
schen Sufiröckchen drehen, ob sie durch Tonbänder
und Seancen Verbindung mit Onkel Josef aus dem
Jenseits aufzunehmen versuchen, ob sie das Sitzen
beim Zen ganz sportlich betreiben (Wer kann länger
hockenbleiben, ohne daß ihm die Beine einschlafen?),

ob indisches Ayurveda, Karmatransformation, Vipassana-Meditation oder Schamanen mit Gewerbeschein – bei diesem Religionskolonialismus geht es immer und immer um dieselbe Frage: Wie vermeide ich Leben und entkomme ich dem Tod? Wie lautet das Rezept, mit dem ich mein kostbares Ich in die Ewigkeit rette? Und – bitte – ein auf die Freizeit beschränktes, meine Behaglichkeit nicht störendes, mein Leben nicht veränderndes soll es auch sein. Immer geht es auch hier um ein zwanghaftes Streben nach Gewißheit, um die Enthüllung der Zukunft, um Sicherheit.

Man kann einem Mangobaum bei uns keine natürlichen Lebensbedingungen bieten. Will man ihn aber dennoch hier anpflanzen, muß man etwas von Mangobäumen verstehen, indem man sich über ihre ursprünglichen Lebensbedingungen informiert. Nicht anders darf man mit fremden Glaubensmetaphern umgehen. Das setzt die Achtsamkeit voraus, die wir von ihnen erst zu lernen erhoffen. So versteht es sich eigentlich von selbst, daß wir diese Achtsamkeit nur in uns selbst zum Leben erwecken können. Wir kommen um die große Reise in unser eigenes Inneres nicht herum. Wer nur so tut als ob und sich nur in den Salons seiner Seele die Füße wärmt, lernt nichts. Dazu muß man sich schon in den Keller bemühen und sich noch in den finstersten Winkeln seines Selbst umschauen.

Solange wir den Tod nicht auch dann akzeptieren, wenn am Ende des Lebens nur die Auflösung ins Nichts stehen sollte, solange wir Gott welchen Namens auch immer als Bürge für das Jenseits mißbrauchen, werden wir jede religiöse Vorstellung neurotisch und unredlich verzerren in törichte Überlebensgarantien. »Der Weise tut nichts wider Willen. Er entzieht sich der Notwendigkeit, indem er seinen Willen mit deren Zwang in Übereinstimmung bringt« (Seneca, Tod und Todesfurcht). So steht die Akzeptierung der Tatsache des Todes am Anfang. Erst dann können wir dem Unbeschreibbaren, dem Unaussprechlichen frei begegnen. Der Weg dorthin führt mitten durch die Angst hindurch; zugegebenermaßen ein Schreckensmarsch. Die Frage nach dem Sinn des Universums, nach Gott ist zu kostbar, als daß wir sie mit alten dogmatischen oder neuen Antworten, die wir im alten Sinne mißbrauchen, zur Farce entwürdigen oder es uns leichtmachen, indem wir nicht offen sind, eigene neue Gedanken zuzulassen.

Unsere Ausgangslage ist denkbar schlecht. Der englische Schriftsteller C.S. Lewis hat sie beschrieben: »Stell dir einen Mann in totaler Finsternis vor. Weil er nichts sehen kann, denkt er, er sei in einem Kerker. Inmitten dieser Finsternis hört er mit einem Mal ein Geräusch, nur kurz und aus großer Entfernung. Vielleicht ist es das Rauschen von Wellen oder vom Wind in den Bäumen. Und in diesem Augenblick spürt er, daß er nicht in einem Kerker ist, sondern in Freiheit. Nichts an seiner Lage hat sich geändert. Er wartet immer noch in der Finsternis. Aber er weiß jetzt, daß die unsichtbare Welt größer ist als alles, was er sich vorstellen kann.«

8. KAPITEL

Wie der Tod verbannt wurde

Die Geschichte des Abendlandes ist eine Leidens-
geschichte. Das Wort »leiden« leitet sich von dem
althochdeutschen »liden« ab und bedeutet fahren, gehen. »Irlidan«, erleiden, heißt demnach erfahren. Der
Nutzen von Erfahrung besteht in der Möglichkeit der
Anwendung für zukünftige ähnliche oder gleiche Situationen. Es ließe sich daher aus Geschichte in diesem
Sinne viel lernen. Aus Geschichte ist aber in eben diesem Sinne noch nie gelernt worden, und man fragt
sich, wieso. Käme heute ein Besucher von Alpha Centauri auf die Erde und wollte dieser das dominierende
Tier dieses Planeten, den Menschen, kennenlernen, so
müßte er nach dem Studium der abendländischen Geschichte zu dem Schluß kommen, daß der Mensch ein
Wesen ist, das seinen Nachkommen seine Geschichte
anhand von gewaltsamen und mörderischen Taten
überliefert, bei denen Städte und ganze Landstriche
bis auf das letzte Kind ausgelöscht wurden, dessen
Helden und Vorbilder Psychopathen und Mörder
sind, denen es im nachhinein ein Leben in Reinheit
und Tugend andichtete, das Andersgläubige auf dem
Rost gebraten und Andersrassige in Seife verwandelt
hat. Für ihn wäre der Mensch ein Wesen, das aus
Liebe haßt und aus Frömmigkeit mordet, das Nächstenliebe predigt und Giftgas und Atombomben produziert, das in seinen heiligen Häusern symbolisch
Blut trinkt und symbolisch Menschenfleisch verspeist,
das Andersfarbige den Tieren gleichsetzt, die es ebenfalls ausrottet und quält, und das sich im großen und

ganzen so benimmt, als wäre es ein feindlicher Besucher aus dem All. Wahrscheinlich würde sich der fremde Besucher mit Grauen abwenden und schleunigst nach Alpha Centauri zurückkehren. Man kann es ihm nicht verdenken.

Es läßt sich schwer aus Geschichte lernen, die man nicht mehr hat. Das Abendland, ein in der lutherischen Zeit geprägter Begriff für den im Mittelalter entstandenen Kulturkreis Europas, hat keine eigene Geschichte, keine eigene Vergangenheit. Alles, was wir haben, sind entstellte Überlieferungen, verschwiegene Fakten und verleugnete Zusammenhänge sowie eine aus vollkommen fremden Kulturkreisen stammende Vergangenheit, die im Laufe der Zeit als die eigene übernommen wurde. Zusammengefaßt ergibt das eine gewaltige Blutspur, auf der die Reste der abendländischen Kultur mittlerweile auszurutschen drohen. Will man dahinterkommen, warum aus dem Menschen ein Alien geworden ist, muß man lernen, zwischen den Zeilen der Geschichte zu lesen, und sich über die Grenzen, innerhalb derer sich Historiker eingerichtet haben, hinwegsetzen. Um die verlorengegangenen Spuren, die der Mensch auf der Erde hinterließ, wiederzufinden und die versteckten richtig lesen zu können, bedarf es in erster Linie der Bereitschaft, historische Deutungen nicht als gegeben vorauszusetzen und die Objektivität der Darstellung historischer Entwicklungen anzuzweifeln. Wir finden die Spuren der nicht geschriebenen mitteleuropäischen Historie im Bereich der Ethnologie und Mythologie, in Legenden, Sagen und Mythen, in Märchen, Sitten und Gebräuchen. Wir finden erklärende, logische Zusammenhänge, wenn wir uns vergegenwärtigen, daß fremde Kultur stets nach den Maßstäben der eigenen Kultur beurteilt wird. Unsere frühe europäische Kultur ist uns durch die Römer überliefert, und das auch nur mangelhaft. So kommt es, daß wir heute noch glauben, diesseits der Alpen hätte vor den Römern geschichtsloses Dunkel geherrscht.

Daß dieses Dunkel nur Barbarei heißen kann, in dem tumbe Wilde im Bärenfell herumtappten, ist gleichfalls gängige Meinung. Auch dies hat seine Ursache darin, daß wir die Welt mit römischen Augen betrachten. So übernimmt der mitteleuropäische Mensch, dem seine eigene Vergangenheit abhanden gekommen ist, seine Vergangenheit aus den glänzenden Hochkulturen anderer Welten geographisch fernen Ursprungs und bringt seinen Kindern bei, diese Kette mühelos herzubeten und darauf stolz zu sein: Sumerer, Ägypter, Griechen, Römer.

Angesichts eines so prächtigen Erbes funkelt das Auge des Humanisten noch heute. Wenn der französische Historiker Philippe Ariès in seiner »Geschichte des Todes im Abendland« achtungsvoll von den Alten spricht, so meint er damit das griechische und römische Altertum. Von seinen eigenen Vorfahren spricht er fast nicht und nur mit Distanz wie der Spießer über die angeheiratete Tante, von der man munkelt, sie sei früher Bardame gewesen. Erst mit der Gründung der Frankenreiche kommt der Mitteleuropäer vor, von da an mußte man sich seiner nicht mehr schämen. Vorher aber sahen sich nach landläufiger Geschichtsschreibung die Herren Römer genötigt, nachdem sich aus dem »Nichts« die barbarischen Horden ganz ungehobelt und ungewaschen im gepflegten Römischen Reich breitzumachen versuchten, die wilden Kerle Mores zu lehren, und machten ganz Europa zur Besatzungszone. Das war der Augenblick, als der Barbar froh war, die Keule aus der Hand legen zu dürfen. Er lernte, sich zu rasieren; er wurde ein Kulturmensch. Als derart kultivierte Erscheinung konnte er endlich auch mit seinem Schöpfer bekannt gemacht werden, der sich bereit erklärte, ihn von der Erbsünde zu erlösen, wenn er versprach, nicht mehr auf die Frauen zu hören. Traurig genug, daß der Barbar bis zu diesem Zeitpunkt noch gar keine Ahnung hatte, daß er deshalb ein Sünder war. Aber er sollte reich belohnt werden. Von nun an geisterte die Vorstellung von einem unermeßlichen Schatz, den man nur finden mußte, durch alle Geschichten, die man sich in Winterzeiten am Feuer erzählte. So erwies sich der einstmals Teil des natürlichen Lebens gewesene Wilde als genau der dumme Trottel, als der er von seinen Missionaren immer schon angesehen worden war, und konnte sich folgerichtig unter diesem Schatz nur Gold und Edelsteine vorstellen. Die Erlösung zog sich ein wenig hin, auch mußte man nicht selten kräftig nachhelfen. Damit dieser im Rückblick etwas unschöne Beginn eines goldenen Zeitalters nicht weiter durch die Geschichte mitgeschleppt werden muß, schlägt man die Jahrhunderte der Christianisierung auch noch dem ungewissen europäischen Dunkel zu und nennt sie das finstere Mittelalter. Erst als sich die Kirche etabliert hatte, begann die europäische Kultur zu erblühen, weshalb man der ganzen Sache erst vom Hochmittelalter an, das man Neuzeit nennt, wirklich historisches Interesse entgegenbringt, nicht ohne darauf zu achten, alles, was es vor den Römern an Kultur nördlich der Alpen gab, in den Bereich der unbeweisbaren Märchen und des Aberglaubens zu verweisen und statt dessen das Bild des grobschlächtigen Wilden zu zeichnen, der Wildschweine halbroh und am Stück verschlang und mit Vorliebe kultivierte Länder überfiel, um deren Frauen zu klauen. Es war, wie fast alles im Leben, in Wahrheit ganz anders.

Die Geschichte der Verleugnung des lebendigen Todes ist gleichzeitig die Geschichte der Eskalation des gewaltsamen Todes, denn in dem Maße, in dem man sich vom natürlichen Tod abwandte und ihm zu entkommen versuchte, wandte man sich dem gewaltsamen Tod zu, bis man daran gewöhnt war, diesen als Schicksalsschlag hinzunehmen, den man für sich selbst zu meiden suchte und bei anderen genoß.

In dem Kapitel werden wir sehen, auf welche Weise sich die Hingabe an den künstlichen Tod entwickelte. Wir haben gesehen, daß die Geschichte des Unsterblichkeitswahns auch die Geschichte des Patriarchats ist und daß er, um die volle Macht entfalten zu können, einer passenden Religion bedurfte, die sich im Christentum fand. Will man die sich daraus entwickelnde blutige Dynamik des abendländischen Unsterblichkeitswahns verstehen, so muß man in das geschichtslose »Dunkel« der Europäer zurückgehen. Erst wenn dieses sich erhellt, wird klar, warum die alte Kultur von den Römern und dann vom Christentum niedergewalzt und verleugnet werden mußte. Erst dann läßt sich verstehen, warum wir wurden, was wir sind.

Die Spuren des angeblich geschichtslosen Dunkels finden sich in der Welt der Mythen, Sagen und Legenden. Einst lebte – die Kelten erzählten gern davon – in den nördlichen Breitengraden dieses Halbkontinents ein Volk, das man das »kleine Volk« nannte. Sie waren offenbar kleinwüchsige, starke, schwarzhaarige Menschen, die mit dem Lauf der Sterne ebenso vertraut waren, wie sie sich mit den Kräutern der Mutter Erde und ihrer Heil- und Giftwirkung auskannten. Ihnen wird die Erschaffung der megalithischen Anlagen zugeschrieben, von denen sich die meisten in der Bretagne und in Großbritannien finden, die aber auch in Resten über ganz Mitteleuropa verstreut sind. Wie der Schweizer Sprachforscher Hans-Rudolph Hitz annimmt, war den Protokelten, wie er sie nennt, die Zahl 252 (die Dauer der menschlichen Schwangerschaft) heilig. Sie müssen eine hochentwickelte Kultur, ja höhere Kultur als die Kelten gehabt haben, denn die Kelten sprachen ihnen Zauberkraft zu. Auch waren sie offenbar äußerst friedfertig und freundlich, denn noch heute spricht man mehr Gutes als Schlechtes über sie. In der Tat sind uns heute diese Urbewohner noch in Erinnerung, wenn sie auch im Laufe der Jahrtausende ganz andere Gestalt angenommen haben. Wir kennen das »kleine Volk« bei uns noch als Feen- und Elfenwesen, als Heinzelmännchen, Schneewittchens sieben Zwerge und Rumpelstilzchen sowie als Gartenzwergparade im gepflegten Ziergarten des Kleinbürgers.

Es ist anzunehmen, daß die nachfolgenden Kelten viel von den Urbewohnern übernahmen, die Astronomie ebenso wie das religiöse Weltbild, das ein zutiefst spiritueller Gottmutterglaube war. Es muß hier darauf hingewiesen werden, daß die Bezeichnung Kelten oder Germanen für die alten Völker Nord- und Mitteleuropas nur sehr ungenau ist und hier nur der übersichtlichen Einfachheit halber verwendet wird. Auch muß bedacht werden, von welchen Zeiträumen die Rede ist. Die Protokelten lebten nach Angaben von H.R. Hitz schon vor 17 000 Jahren als ein der Schrift mächtiges Volk. Man muß sich vorstellen, daß die Menschen nördlich der Alpen über Jahrtausende in Sippen, Verbänden und Stämmen lebten, die alle ganz unterschiedliche Bezeichnungen für sich kannten und keine einheitliche Sprache hatten. Noch zu Cäsars Zeiten sprachen die »Gallier« seinen Berichten zufolge drei verschiedene Sprachen. Ein Reich, ein Staat oder eine Nation waren unbekannte patriarchale Begriffe. So fiel es den Römern schwer, diese Völker in ihr eigenes Weltbild einzupassen, aber sie taten ihr Bestes. Unser Bild von unseren Vorfahren ist danach.

Wie aber lebten die alten Völker? Sie lebten ursprünglich in einer matrilinear organisierten Gesellschaft, weshalb es keine monogamen Bindungen gab, also auch keine folgsamen Frauen und unehelichen Kinder. Man kannte keine Tempel oder heiligen Häuser. Gottmutter, die in den Gestalten der Jungfrau, der Mutter mit dem Kind und der alten weisen Frau repräsentiert war, wurde in heiligen Baumhainen, Seen und Quellen und im Mond verehrt. Ihre Zeitrechnung entstand nach dem weiblichen Zyklus und kannte 13 Monde statt 12 Monate. Das männliche Prinzip wurde im heiligen weißen Hirsch verehrt. Zum Beltanefest im Frühjahr begab sich das Volk auf die Felder, wo sich die Frauen bei den Beltanefeuern einen Partner für die Nacht oder auch für eine längere Zeit aussuchten. Kinder, die in der Beltanenacht gezeugt worden waren, galten als besondere Gotteskinder. Der Geschlechtsakt wurde als Gottesdienst verstanden, und so stellte die Vereinigung der höchsten Priesterin mit dem König, der ein Auserwählter unter den privilegierten Männern und ein König auf Zeit war, eine heilige Handlung dar, die seiner Krönung voranzugehen hatte. Damit deutlich wurde, daß es sich hier um eine göttliche Vereinigung handelte, schlüpfte der König in ein Hirschgewand. (Später machten die Christen aus dem Gehörnten den Teufel und die Monogamisten den betrogenen Ehemann.)

Eine weitere wichtige Position hatten zu einer späteren Zeit männliche Priester inne, die Druiden, die mit der Person des Zauberers Merlin in die Dichtung des Mittelalters eingegangen ist. Möglicherweise war die Existenz der Druiden eines der ersten Zugeständnisse an die sich zum Patriarchat wendende Gesellschaft. Die Kelten und Germanen glaubten an ein Leben nach dem Tode und an die Wiedergeburt. So bedeutete ihnen der Tod keinen Schrecken, er war natürlicher Teil des Lebens.

Als die Römer mit diesen Völkern in Kontakt kamen, waren alte mutterrechtliche Strukturen noch erkennbar. Tacitus berichtet: »Die Germanen haben sogar den Glauben, es wohne den Frauen etwas Heiliges und Seherisches inne. Sie verschmähen den Rat der Frauen nicht und achten auf ihre Bescheide.« Auch war den Römern die Furchtlosigkeit der Kelten und Germanen vor dem Tode äußerst unheimlich, was zu der Legende geführt haben mag, daß diese einen Zaubertrank kannten, der kampfesmutig und unverwundbar macht. Den Römern war die Angst vor dem Tode bereits das Natürliche, wie Philippe Ariès nachweist. Er zitiert nach dem Kommentar des Rechtsgelehrten Paulus: »Kein Leichnam darf in der Stadt behalten werden, damit die sacra der Stadt nicht entweiht werden.« Funestentur bedeutete das Unheilvolle, das von einem Toten ausgeht. Deshalb mußten die Toten weitab von den Lebenden vergraben werden.

Es ist bekannt, daß die Kelten ihr Wissen nur mündlich als Geheimwissen an Eingeweihte weitergaben, um es vor Mißbrauch zu schützen. Obwohl sie über eine Schrift verfügten, zogen sie Symbole als metaphysische und philosophische Metaphern vor wie die

Mondsichel, die Schlange, das Schwein. Und genau das machte es möglich, daß nicht nur kostbares Wissen für immer verlorenging, sondern daß das gesellschaftliche Leben sein Fundament verlor, nachdem ganz Europa zur römischen Kolonie geworden war. Es bedarf nur dreier Generationen, daß Wissen unwiederbringlich verlorengeht, wie wir bereits gesehen haben. Übrig blieb, was die Ethnologen als »abgesunkenes Kulturgut« bezeichnen: Rituale, Sitten und Gebräuche, deren Ursprung und Sinn verlorengegangen sind.

Nach dem Zerfall des Römischen Reiches blieben im Norden verarmte, ausgeplünderte, ihrer alten gesellschaftlichen Strukturen beraubte Völker zurück, die jedoch weiterhin an ihren alten, wenn auch sinnentleerten Ritualen und Sitten festhielten. Es herrschte eine Art gesellschaftliches Vakuum. Die neuen, christlichen Sitten nahmen die alten Völker dennoch nicht freiwillig an. Ganze 700 Jahre bis zum Ende des 11. Jahrhunderts dauerte es, bis die damalige Menschheit auf das neue Weltbild eingestellt worden war. Welcher Art die Argumente der Überzeugung waren, zeigt das Beispiel der Verordnung für die Sachsen, das vermutlich aus dem Jahre 782 stammt: »Wenn einer die heiligen vierzehntägigen Fasten aus Mißachtung des Christentums nicht hält und Fleisch ißt, soll er des Todes sterben. Verbrennt jemand den Körper eines Toten nach heidnischem Brauch und läßt dessen Gebeine zu Asche werden, so soll er an Haupt und Leben gestraft werden. Wer... zur Taufe zu kommen verachtet und freiwillig Heide bleibt, der soll des Todes sterben.« Wer wollte da nicht schleunigst Christ werden? Um zu verhindern, daß die sturköpfigen Heiden auch weiterhin ihre heiligen Stätten ehrten, setzte man auf jede gleich eine Kirche, mit Vorliebe eine der Maria geweihte, da vermißten die unfreiwilligen Christen die Gottmutter nicht zu sehr. Ohne den Gottmutter-Ersatz hätte vielleicht auch der angedrohte Tod nicht die gewünschte Wirkung erzeugt.

Nicht nur Sitten und Gebräuche, auch die Einstellung zum Tod behielt man im christianisierten Mittelalter aus alten, nun versunkenen Zeiten bei. Der mittelalterliche Mensch fügte sich in die Unvermeidlichkeit des Todes, er war sich seiner Sterblichkeit auch im Alltagsleben bewußt. Ebenso galt ihm der künstliche, der gewaltsame, der plötzliche Tod als unehrenhaft und eine Strafe Gottes.

Einen guten Tod hatte der, dem Zeit für Vorahnungen blieb, der die Zeichen der Zeit zu deuten wußte. Er brachte seine Dinge in Ordnung, verteilte Hab und Gut, verabschiedete sich von den Seinen und empfahl seine Seele friedlich und ruhig Gott. Stets starb man öffentlich. Jeder, auch ein Fremder, hatte Zutritt zum Sterbelager. Die sterbliche Hülle wurde offen auf der Straße aufgebahrt, so daß alle Abschied nehmen konnten. Der Glaube an Zeichen, die den Tod ankündigen, war alter Volksglaube und den »litterati« des Mittelalters, der durch den Umgang mit den Römern gebildeten Klasse, bereits suspekt. Bei dieser gebildeten Klasse zeichneten sich schon erste Veränderungen in der Einstellung zum Tode ab. Einig waren sich Volk und Klerus aber immer noch in der Ablehnung des plötzlichen, gewaltsamen und einsamen Todes. Als in der Artus-Sage Gaheris durch eine vergiftete Frucht, die ihm die Königin Ginevra überreicht hatte, ganz plötzlich starb, wurde er zwar mit allen Ehren bestattet, sein Angedenken aber mit einem Bann belegt. »Wenn man sich die stürmische Heftigkeit der Trauerbekundungen der Zeit bewußt macht, ermißt man die Bedeutung dieses Schweigens, das von heute sein könnte« (Philippe Ariès). Noch im 13. Jahrhundert hatte die Kirche Mühe, Einfluß auf diese Haltung zu nehmen. Sie machte aus der Verdammung Gottes den unergründlichen Ratschluß Gottes, aber viel nützte es nicht. Aus dem Bericht eines Kanonikers aus dem Jahre 1710 geht hervor, daß es bei den Erzpriestern von Ungarn noch im 13. Jahrhundert üblich war, »einen Geldbetrag auf alle die zu erheben, die unglücklicherweise ermordet oder getötet worden waren, bevor man ihnen die Erdbestattung freigab«. Wer plötzlich und ohne Vorbereitung in den Tod gegangen war, konnte auf dem kirchlichen Friedhof beigesetzt werden. Konnte. Mußte aber nicht. Es war eine Ermessensfrage.

Wie war es möglich, daß sich aus diesem immer noch natürlichen Umgang mit dem Tod eine Wandlung zur Lust am grausamen Mord vollzog? Lag es an der Doppelbotschaft des Christentums, die da lautet: Erschlage deine Feinde aus Liebe? Die Synode von Arles beschloß schon im Jahre 314: »Wer im Frieden die Waffen wegwirft, ist vom Abendmahl ausgeschlossen.« Die Herren Christen des Abendlandes dachten einfach und handelten zweifach. Mit Habgier im Herzen und der Bibel in der Hand machten sie sich in den »gerechten Krieg« auf, wie die Kreuzzüge seit Augustinus bezeichnet wurden. Im Laufe von rund zweihundert Jahren brachen sie siebenmal in den Orient ein, um die Heiligen Stätten des Herrn, Konstantinopel und Jerusalem, aus heidnischer Hand zu befreien. Was sie unter Befreiung verstanden, zeigen folgende Dokumentationen: »Die Kreuzfahrer waren von den verschiedensten Beweggründen beseelt. Leute mit unruhigem Charakter lockte es, fremde

Länder zu sehen; andere, denen die Armut im Nacken saß, ... zogen nicht bloß gegen die Feinde Christi, sondern auch gegen jeden Freund des Christentums, wenn sie sich nur mit ihrem Schwerte die Armut vom Leibe schaffen konnten; wieder andere, welche von der Last ihrer Schulden erdrückt wurden oder sich ihrem pflichtmäßigen Herrendienst entziehen wollten oder auch gerechte Strafen für ihre Verbrechen zu befürchten hatten, heuchelten auf einmal Eifer für die Ehre Gottes« (E. Orthbandt/D.H. Teuffen in: Ein Kreuz für die Ehre Gottes). Unterwegs kam es in ganz Europa zu Juden-Pogromen. »Da erhoben sich die Feinde und Dränger gegen die Juden, die in ihren Häusern waren, überfielen sie und brachten sie um, Männer, Frauen, Kinder, Jünglinge und Greise. Sie rissen die Häuser nieder ... machten Beute und plünderten« (Hebräische Berichte über die Judenverfolgungen während des 1. Kreuzzugs, herausgegeben von Neubauer/Stern). In Jerusalem angekommen, missionierte man weiter auf die einschlägige Weise, wie aus dem Tagebuch eines normannischen Ritters hervorgeht: »Nachdem die Unsrigen die Heiden endlich zu Boden geschlagen hatten, ergriffen sie im Tempel eine große Zahl Männer und Frauen, töteten sie oder ließen sie leben, wie es ihnen gutdünkte. Bald durcheilten die Kreuzfahrer die ganze Stadt und rafften Gold, Silber, Pferde und Maulesel an sich. Sie plünderten die Häuser, die mit Reichtümern überfüllt waren. Dann, glücklich und vor Freude weinend, gingen die Unsrigen hin, um das Grab unseres Erlösers zu verehren« (Histoire anonyme de la première croisade). Eine Art der Verehrung, die dem Erlöser gerade noch gefehlt haben wird.

Auch daheim hatte sich die Scheu vor dem gewaltsamen Tod inzwischen verringert. Die Guten starben immer noch auf die herkömmliche Weise. Die Bösen tötete man nicht nur grausam, sondern überließ sie auf besondere Weise der ewigen Verdammnis, die darin bestand, daß sie nicht mehr am Tag des Jüngsten Gerichtes im Fleische auferstehen konnten, indem man ihnen das Fleisch nahm. Sie durften an der gängigen Vorstellung von Unsterblichkeit nicht teilnehmen. Leichen von Hingerichteten blieben oft monate-, ja jahrelang aufgehängt und zur Schau gestellt. Philippe Ariès berichtet vom Ende eines solchen Bösen: »So wurde am 12. November 1411 Colinet aus Puiseux enthauptet, zerstückelt und seine vier Gliedmaßen an je einem der Stadttore von Paris aufgehängt, und sein Körper – oder das, was davon übrigblieb – wurde in einem Sack zum Galgen geschafft. Aber erst am 16. September 1413, das heißt beinahe zwei Jahre später, wurde der Körper jenes Verräters Colinet aus Puiseux vom Galgen und seine Glieder von den Stadttoren heruntergeholt.«

Es waren nicht wenige, die einen derart grausamen Tod sterben mußten, und es wurden seit Anfang des 13. Jahrhunderts immer mehr. Eines der finstersten Kapitel der an finsteren Kapiteln nicht armen Menschheitsgeschichte begann, und wieder mußte der »Schmerzgekrönte« herhalten, sollte das Symbol des zum Gott erklärten künstlichen Foltertodes seine Wirkung zeigen. Hierzu finden wir verschiedene Daten in der Historie, die, wenn man sie im Zusammenhang sieht, Licht ins Dunkel bringen. Sie zeigen, daß die Habgier Mutter des künstlichen Todes ist und daß eine sadistische Kirche die Angst vor dem lebendigen Tod entscheidend verursachte. Es war im Jahre 1215, als die Inquisition auf ihren ersten Höhepunkt zusteuerte. Innerhalb von wenigen Jahren, bis 1229, waren Verfahren und Bestrafung für die »Ketzer« durch das Konzil von Toulouse geregelt. Was bedeutet das? Warum mußte die Kirche nun nach erfolgreicher Christianisierung Ketzer verfolgen und bestrafen, und warum mit großem Aufwand? Hatte sie denn nicht erreicht, was sie wollte? Die Antwort ist einfach: Weil es »Ketzer« gab, und zwar in einem der Kirche schadenden Ausmaß. Fragt man weiter, was die Kirche unter »Ketzern« verstand und warum denn plötzlich so viele »Ketzer« auftauchten, so sind zwei Antworten wahrscheinlich. Da muß es welche gegeben haben, die etwas hatten, was die Kirche selber gern gehabt hätte, und es muß welche gegeben haben, für die die Kirche den Bogen zu weit gespannt hatte und die auf Erlösung nach Christenart lieber verzichten wollten, weil sie die Menschlichkeit des Mutterrechts nicht vergessen konnten. Beides führt uns zuerst wieder zu den Kreuzzügen. 1119 gründete Hugo von Payens die »Arme Ritterschaft Christi vom Salomonischen Tempel«, einen geistlichen Ritterorden, der besser bekannt ist unter dem Namen Templerorden. Die Templer waren in Jerusalem mehr als reich geworden. Sie breiteten sich rasch in West- und Südwest-Europa aus und verfügten durch ihre internationalen Verflechtungen und Beteiligungen an Finanzgeschäften über mehr Macht, als Philipp IV. von Frankreich, der der Schöne genannt wurde, aber wohl eher der Neidische war, ertragen konnte. Das machte sie zu »Ketzern«, ein klarer Fall für das Sonderkommando der Kirche. Die Templer einschließlich ihres Großmeisters wurden verhaftet und umgebracht, der Orden 1312 von Papst Klemens V. verboten. Wer die Erben waren, wird man unschwer erraten.

Die kircheninterne Habgier, aufgrund derer einzelne Orden gefressen wurden, rechtfertigt den großen Aufwand der Inquisition einer offensichtlich nervös gewordenen Kirche allein nicht. Von diesem Gedanken ausgehend, ist noch ein anderes Ereignis nicht ganz uninteressant. Im Jahre 1212, drei Jahre vor Beginn der Inquisition, fand etwas ganz Merkwürdiges statt. Mehrere tausend Kinder im Alter von zehn bis fünfzehn Jahren zogen als Soldaten in den »gerechten Krieg«, was als Kinderkreuzzug in die Geschichte einging. Sie kamen größtenteils unterwegs um oder gerieten in die Sklaverei. Mehrere tausend Mütter sahen ihre Kinder nie wieder. Kurz darauf – und das fällt auf – machte die Kirche mit der Inquisition Ernst. Der Gedanke, daß mit diesem Kinderkreuzzug der Bogen überspannt worden war, was den Gegendruck der Kirche erforderte, ist nicht ganz von der Hand zu weisen.

Es waren nicht die Dümmsten, die den Dominikanern in die Hände fielen. (Diese waren damals unter den Klerikern offenbar das, was heute der Rottweiler unter den Hunden ist: Sie hatten die geringste Beißhemmung. So wurden sie die führenden Inquisitoren.) Nicht die Dümmsten waren die »Ketzer« mindestens in dem Sinne, daß unter ihnen viele Bewahrer alten Wissens von den Lebenszusammenhängen waren. Je weniger es von diesen Wissenden gab und je geringer ihr Einfluß war, um so mehr Kenntnis der Ursachen von Krankheit und Tod ging der damaligen Gesellschaft verloren. Das Wissen um Leben und Tod lag auch zu jener Zeit noch größtenteils in Frauenhand. Seit etwa dem Jahre 1000 begannen die Frauen sich trotz patriarchalem Christentum mit diesem Wissen wieder selbständig zu machen. Es gab »eine Frauenemanzipation mit eigenen Klöstern, eigenen Theologinnen mit ›feministischer Theologie‹ und einer weit verbreiteten Nonnenmystik. Diese Beginenkonvente führten zu einer Hochblüte eigenständiger Frauenkultur ... Die Gynäkologie in den Händen der Hebammen, Apothekerinnen, Kräuterkundigen und Alchemistinnen war bei der armen Bevölkerung anerkannt« (Jutta Voss in: Das Schwarzmond-Tabu). Die Beginen waren seit dem Konzil in Vienne im Jahre 1311 systematisch verfolgt, die klugen Nonnen exkommuniziert und verbrannt worden. Es ist nicht unwahrscheinlich, daß der Ausbruch der großen Pest von 1348 mit der durch die Inquisition verursachten Verdummung der Gesellschaft in ursächlichem Zusammenhang steht, zumal wenn man weiß, daß die Ursache dieser Krankheit in katastrophalen hygienischen Lebensverhältnissen zu finden ist. Bis zum Jahre 1352 raffte die Pest in Europa 25 Millionen Menschen dahin. Und hier stoßen wir nun wieder auf zwei höchst interessante Fakten. Justament 1352 wurde die Anwendung der Folter bei den Verhören der Inquisitoren von Papst Innozenz IV. offiziell gestattet. Die Welt geriet in einen Blutrausch. Weshalb? Und weshalb gerade dann?

Das wird vielleicht etwas begreiflicher, wenn wir uns noch einmal zu den Anfängen des Patriarchats, also den Anfängen der Abwendung von der Verehrung des Lebens zurückbegeben. Die alten Mütter verfügten über das Geheimnis von Leben und Tod, Medizin und Religion. Nach dem Sündenfall versuchten die Männer dafür Ersatz zu schaffen. Aber es klappte nicht. Was man nicht im Bauch hat, kann man auch nicht im Kopf haben. In fest abgeschotteten Männerbünden suchte man nach einer neuen Geheimlehre. Man zauberte und alchimierte herum, aber man fand nichts. »Deswegen ist die Alchimie eine keusche Hure, die viele Liebhaber hat, aber alle enttäuscht und keinem ihre Umarmung gewährt. Sie verwandelt die Dummen in Schwachsinnige, die Reichen in Bettler, die Philosophen in Schwätzer und die Betrogenen in eloquente Betrüger« (Trithemius, 1690, aus: Umberto Eco, Das Foucaultsche Pendel). Das Christentum hatte erst recht keine Antworten zu bieten. Seine Wunder besaßen den Wert von Zauberkunststücken. Das Blut des geopferten Mannes am Kreuz blieb das Symbol der Destruktivität im Gegensatz zum zyklischen Blut der Frau, welches das Leben symbolisiert. Da besann man sich der alten Zeiten. Doch welche alten Zeiten konnten das schon sein? Zurück zu den alten Müttern? Unmöglich! Also besann man sich auf die alten Zeiten, als die Männer vielleicht dem Geheimnis der Mütter noch näher waren, der Männerbünde und Geheimkulte aus der patriarchalischen Zeit der Spätantike der Römer, der arabischen Alchimisten und der Juden. Es ist sicherlich kein Zufall, daß zum Beispiel die jüdische Kabbala, die im 8. Jahrhundert nach Europa gekommen war, gerade ab dem 12. Jahrhundert hier entscheidend weiterentwickelt wurde, oder daß im 11. und 12. Jahrhundert die alten Schriften der arabischen Alchimisten aus dem 2. Jahrhundert wieder entdeckt wurden. Nicht nur, daß die fieberhafte Suche der Männer sie dem Geheimnis des Lebens auch nicht näherbrachte; die Pest, die schreckliche Pest zeigte ihnen die lächerliche Ohnmacht ihres eingeschlagenen Weges auf gnadenlose und unübersehbare Weise. Sadismus, zu dessen Ausdrucksform die Folter gehört, ist eine dem Psychologen nicht unbekannte Charakterstruktur von sich unterlegen fühlenden Menschen.

Es begann eine Zeit der Rache am Leben, an den

Frauen, die selbstverständlich auch dann nicht aufhörte, nachdem Martin Luther und Calvin den Protestantismus herbeigeführt hatten. Da wir die Entwicklung des künstlichen Todes bis zu diesem Zeitpunkt kennen, sollten wir nun betrachten, was sich im Umgang mit dem lebendigen Tod bis hierher verändert hat.

Man starb immer noch im Bett. Aber ein natürlicher Tod war es in zweifacher Hinsicht nicht mehr. Ein Ende nach schweren und schmerzhaften Krankheiten gab es jetzt häufiger. Außerdem war das Sterbezimmer »nicht mehr der Ort eines nahezu banalen Ereignisses, das lediglich feierlicher war als andere; es wurde zur Bühne eines Dramas, auf der zum letzten Mal das Geschick des Sterbenden gespielt und sein Leben, seine Leidenschaften und seine Neigungen in Frage gestellt wurden. Der Kranke sieht den Tod vor Augen« (Philippe Ariès). Und er fürchtete sich in seiner neuen Einsamkeit. Der Mensch des 14. und 15. Jahrhunderts hatte sich als Individuum entdeckt. Ursache waren wirtschaftliche und gesellschaftliche Veränderungen.

Während der einzelne im Mittelalter fest eingebunden in einer überschaubaren Gruppe lebte, stellte der sich ausweitende Handel, die überreiche Belohnung der Habgier durch die unermeßlichen Schätze »neu entdeckter« Kontinente, die Menschen vor eine neue Situation. Das erste Mal ging es nach dem Motto »Jeder gegen jeden«, und plötzlich war wettbewerbsorientierte Tüchtigkeit gefragt. Auch der Papst war einem guten Geschäft nicht abgeneigt und zog einen florierenden Handel mit Ablaßbriefen auf. Die Borghias stiegen ins Giftgeschäft ein, und die sauertöpfischen Ex-Katholiken Luther und Calvin fanden vor allem in der unteren Mittelschicht offene Ohren für eine

Kirche des kleinen Mannes, der dem inzwischen entstandenen unteren Mittelstand angehörte, welcher rasend vor Neid auf die Reichen blickte und rasend vor Haß auf die Armen war, zu denen er jederzeit absinken konnte in seiner ständigen existentiellen Gefährdung. Was dieses Duo anrichtete, trieb die Sache der Todesangst quantensprungartig an. Der neue Gott der Protestanten war ein eiskalter Bursche, der einen Menschen verdammen konnte, nur weil er damit seine Macht demonstrieren wollte. Maria, die bei den Katholiken zur masochistisch leidenden Magd des Herrn degradierte Himmelskönigin, flog bei den Protestanten gleich ganz raus. War die katholische Kirche zwar lebensfeindlich, so war sie doch nicht unsinnlich, wenn auch auf eine pervertierte Weise. Mit dem Protestantismus war nun auch die Sinnlichkeit verpönt. Es zählten nur noch Pflichtgefühl und Tüchtigkeit als höchste sittliche Tugenden. Selbsterniedrigung und Selbstbeschuldigung wurden nun gefordert. »Für jeden, der mit den psychologischen Mechanismen der Selbstbeschuldigung und Selbstdemütigung vertraut ist, kann kein Zweifel bestehen, daß diese Art Demut in einem heftigen Haß wurzelt, der sich – aus welchem Grund auch immer – nicht unmittelbar gegen die Außenwelt äußern kann sich daher gegen die eigene Person richtet« (Erich Fromm in: Die Furcht vor der Freiheit). Gott wurde zu einer übermächtigen, nicht durchschaubaren Autorität, vor der man sich besser freiwillig in den Staub drückte, um ihn zu beschwichtigen. Zur undurchschaubaren Autorität wurde nun auch der Tod. Im Haß waren katholische und evangelische Kirche geeint. In diesem Geiste bekämpften sie sich erbittert gegenseitig in jahrzehntelangen, blutigen Kriegen. Einig waren sie sich allerdings in ihrem Haß auf das Leben. Zwischen 1430 und 1540 beginnt eine großangelegte und systematisch betriebene Hexenverfolgung, gegen die die Inquisition des 13. und 14. Jahrhunderts beinahe harmlos erscheint. Ein weiterer Innozenz, diesmal der achte, erklärte in der Papstbulle von 1484 die angeblichen Hexen zu Nicht-Menschen, und die Bluthunde Heinrich Institoris und Jacob Sprenger stellten 1487 den »Hexenhammer« zusammen, ein für die Gerichtspraxis maßgebliches Gesetzbuch, in dem die verschiedenen Formen des Hexenglaubens zusammengefaßt waren. Liest man heute, was man damals unter Hexerei verstand, so kommen unter der verzerrten und pervertierten Darstellung alte mutterrechtliche Kulthandlungen zum Vorschein. Betrachtet man, wer als Hexe angesehen wurde, so stellt man fest, daß es sich hauptsächlich um unabhängige und äußerst vitale Frauen gehandelt hatte. Anstelle der Anklage reichte die Denunziation bereits aus, um Frauen der Hexenprobe zu unterwerfen oder sie auf dem Scheiterhaufen bei lebendigem Leibe zu verbrennen. Die Scheiterhaufen brannten in den zur evangelischen Kirche übergetretenen Städten, Dörfern und Gemeinden genauso wie im katholischen Herrschaftsbereich. Unter den Juristen des 16. und 17. Jahrhunderts hatte der Hexenwahn, der nach neuesten Schätzungen sechs bis acht Millionen Frauen das Leben kostete, einflußreiche Förderer. Die letzte Hexe, Anna Göldi, wurde 1782 in Glarus ermordet. Die »Congregatio Romanae et universalis inquisitionis« (Kongregation für römische und weltweite Inquisition) wurde erst auf dem 2. Vatikanischen Konzil im Jahre 1965 nicht etwa aufgelöst, sondern klammheimlich zur Glaubenskongregation umgewandelt. Österreich sorgt in diesem Zusammenhang für eine weitere Merkwürdigkeit. Es kennt als einziges Land eine Zweigstelle der Glaubenskongregation, welcher der Weihbischof Krenn vorsteht. Gläubige, die sich in Österreich nicht in Übereinstimmung mit der offiziellen Kirche befinden, haben sich erst vor Krenn und dann in Rom zu verantworten. Bis heute haben beide Kirchen es nicht für notwendig befunden, Stellung zu ihren furchtbaren Taten zu nehmen und das zu leisten, was jeder nach 1945 von dem vom Naziwahn befallenen Deutschland forderte: Sühne.

In diesem Klima zunehmender Denunziation und Bespitzelung und unverhüllter Habgier tanzte der Tod einen makabren Reigen mit den Menschen und spielte triumphierend mit ihm Schach. Die Luthersche Auffassung von der angeborenen Schlechtigkeit des Menschen prägte die Gesellschaft in Zukunft, ob sie nun römisch-katholisch oder protestantisch betete. Die Angst vor ewiger Verdammnis wurde unverhohlen geschürt, was Wunder, daß sich die Menschen leidenschaftlich an das Leben und darin vor allem an ihren Besitz, ihre unsterblichen Kinder, klammerten. Die Toten wurden schon lange nicht mehr auf die Straße gestellt. Die Leichname wurden verhüllt, und der geschlossene Sarg war jetzt modern, damit niemand durch den Anblick einer Leiche erschreckt werde. Ariès zitiert den Dichter Pierre de Nesson, der ein Beispiel dafür liefert, wozu der Tod dieser Zeit geworden war: »Ganz und gar nur Unrat ist er/ Tod, Auswurf und Moder/ Stinkender und verfaulter Mist/ Hüte dich vor den Werken der Natur... Du wirst sehen, daß jeder stinkende Materie mit sich führt/ Wie sie fortgesetzt aus dem Körper heraus erzeugt wird.«

Vergegenwärtigen wir uns kurz, auf welchem Wissensstand die abendländische Welt bis hierhin war.

Berthold Schwarz (14. Jahrhundert) erfand das Schießpulver. Johannes Gutenberg (1395–1468) erfand den Buchdruck. Leonardo da Vinci (1452–1519) entwarf viele Maschinen, die erst im Industriezeitalter gebaut werden konnten, zum Beispiel einen Hubschrauber. Nikolaus Kopernikus (1473–1543) fand heraus, daß die Erde sich um die Sonne dreht. Galileo Galilei (1564–1642) untermauerte das kopernikanische System mit exakten Beweisen. Isaak Newton (1643–1727) fand die Gravitationsgesetze. Bischof Boussuet fand heraus: »Alle Welt beginnt mit der monarchischen Staatsform. Sie hat ihr Vorbild in der väterlichen Gewalt, das heißt in der Natur selbst. Die Menschen werden als Untertanen geboren, und die väterliche Autorität, die sie an den Gehorsam gewöhnt, gewöhnt sie zugleich daran, nur ein Oberhaupt zu kennen« (aus: Die Politik nach den Worten der Heiligen Schrift, 1682).

War die Todesstunde etwas, das der mittelalterliche Mensch noch abwarten konnte, so verteilten die Reformatoren diese Stunde auf das ganze Leben. Wer immer nur Verwesung im Kopf haben muß, wer demütig das ganze Leben als ein immerwährendes Sterben ansehen muß, der geht irgendwann zwangsläufig auf Distanz zum Tod. Von dieser Distanz war das 17. Jahrhundert geprägt. Im 18. Jahrhundert findet man zu einem neuen Verhältnis zu Tod und Sterben. Aus dem Ekel vor Moder und Verwesung, aus dem anschließenden zaghaften Fluchtversuch wird die Verliebtheit in diese Dinge. Der Mensch wurde nekrophil. »Von nun an werden die ersten Anzeichen des Todes nicht mehr Grauen und Flucht, sondern Liebe und Begehren einflößen« (Philippe Ariès). Ariès zeigt, wie Eros und Thanatos in dieser Zeit eine Verbindung eingehen: köstliche Qualen an grünlichem Fleisch, Liebespaare, die sich auf Friedhöfen treffen, Leichenteile, die man dem Geliebten abschneidet, um sie bei sich zu behalten, manchmal war es auch die ganze Geliebte. Ein Martin van Butchell bewahrte 1775 seine erste, verstorbene Frau jahrelang zu Hause auf, bis es seiner zweiten Frau zuviel wurde. Zu höchster Form entwickelt wird die Lust an Qual, Tod und Verwesung im Werk des Marquis de Sade, der der ganzen verdrehten Perversion schließlich auch den Namen gab. Die Französische Revolution bescherte neues, frisches Blut, das aus den Hälsen der Aristokraten strömte. Das Volk trank sich satt daran. Das gefürchtete, Leben symbolisierende Blut der Frauen, das *sacer mens*, das Menstruationsblut, war nur mehr ein unbedeutender Tropfen gegen diese triumphierenden Fontänen männlicher Tötungspotenz. Der Sieg über das Leben schien erreicht.

Aber das war noch nicht alles. Aus dem akribischen Beobachten der Verwesung wuchs der Wunsch, diese Entwicklung nach rückwärts laufen zu lassen. In dem 1818 erschienenen Roman von Mary Shelley will Frankenstein aus den Wundern der Leichen das Geheimnis des Lebens ziehen. Noch immer ist der alte Wunsch, Leben durch männliche Hirne geben und nehmen zu können, Antrieb der patriarchalen Gesellschaft. Aber mit dem Ende des Absolutismus, nachdem endlich auch der kleine Mann zum Henker hat werden dürfen, kam auch das Ende solch törichter Gebär-Träume, aus Leichenteilen einen neuen Menschen zusammenzusetzen und ihm mittels Elektrizität Leben einzuhauchen. Töricht wurden solche Träume nur deshalb, weil Aufklärung und industrielle Entwicklung ganz andere Möglichkeiten boten, den lebendigen Tod umzubringen.

Auf jeden Rausch folgt die Ernüchterung. Auch war es Zeit zu ernten, was jahrtausendelang gesät worden war. Nach jahrhundertelangem Wühlen in Leichenteilen, nach Bergen von Erschlagenen, Verbrannten und Geköpften fand man endlich die saubere Lösung: Der Mensch entledigte sich seines Leibes ganz und gar, indem er ihn als nicht vorhanden betrachtete, und wurde zum Kopffüßler. Statt Totschlag praktizierte man das Totschweigen. Das technische Zeitalter begann und brachte ungeahnte Möglichkeiten. Statt Leichen Leben einzuhauchen, brachte man nun endlich die toten Kinder der Männerhirne zum Laufen: Maschinen, sich bewegende, von Tod, Sterben und Verwesung befreite Maschinen. Das Leben war endlich gezähmt, der Stein der Weisen endlich gefunden: Er hieß Elektrizität. Und was war diese schließlich anderes als Lebensenergie für die toten Kinder? Kam das nicht dem Energiegeheimnis der Frauen schon sehr nahe? Man mußte sie nur richtig gebrauchen. Statt Frankensteins Monster zu beleben, hauchte sie maschinellen Monstern Leben ein. Die Naturwissenschaft, ein Kind der Aufklärung, gedieh prächtig und wurde zum allseits verehrten Gott, ihre Antworten versprachen endlich Gewißheit. Gewißheit worüber? Darüber, daß das Untier Mensch dem im Einklang mit dem Lebenszyklen lebenden natürlichen Tier Mensch überlegen ist. Darüber, daß der Sieg der Vernunft zur großen humanen Zukunft verhelfen wird, die das Paradies auf Erden sein wird, in der niemand mehr krank wird und keiner sterben muß. Darüber, daß die sich in Krankheit und Gefühlsverrohung äußernden Widersprüche des seiner Natur beraubten Menschen nichts zu bedeuten haben und daß man diese inzwischen zur Natur des Menschen erklärten durch jahrtausendelange Gehirnwäsche verursachten Phänomene mit sichtbaren und unsichtbaren Korsetts vom Fischbein bis zum Neuroleptikum erfolgreich unter Kontrolle bekommen kann.

Die industrielle Entwicklung machte es notwendig, daß der Mensch ein des Schutzes der Gemeinschaft beraubter Städter wurde, der in ohnmächtiger Isolation gefangen war, anonymen Mächten auf Leben und Tod ausgeliefert, und der sich – dank der Überlieferung seiner abendländischen Geschichte generationenlang erlernt – ein Leben ohne Leiden und Katastrophen nicht denken konnte. So gewöhnte er sich daran, sein Leben allgemeinen wirtschaftlichen Zielsetzungen zur Herstellung künstlicher Männerkinder aus toter Materie unterzuordnen. Die Folgen trägt er bis heute mit Fassung, einer gepanzerten Lebenshaltung, hinter der sich seine traurige innere Leere verbirgt. Die Arbeitsteilung der industriellen Herstellung raubte dem Menschen auch noch die letzten erbärmlichen Reste seiner Identität und Würde. »Der Mann am Fließband, der den vorübergleitenden Autos den braunen Pinselstrich verpaßt, ist der Braunen-Strich-Macher; ein anderer ist der Den-Zeiger-auf-den-Geschwindigkeitsmesser-Aufsetzer; und so ist jeder durch die Lücke im maschinellen System definiert, die er ausfüllt« (Hans Freyer in: Walter Hornstein, Jugend in ihrer Zeit).

Aber der Lückenausfüller Mann hatte ja noch seine Familie, ein Begriff, der seit der Biedermeierzeit mehr und mehr an Bedeutung gewonnen hatte. »Für alle, die nur über wenig Besitz und über ein geringes soziales Prestige verfügten, war die Familie eine Quelle individuellen Prestiges. Hier konnte der einzelne sich als ›jemand‹ fühlen. Hier gehorchten ihm seine Frau und seine Kinder, hier spielte er die Hauptrolle und nahm naiverweise an, daß diese ihm von Natur aus zukäme« (Erich Fromm in: Die Furcht vor der Freiheit). In dieser Kern- oder besser Nuklearfamilie wartet man seitdem hoffnungsvoll hinter storebehängten Fenstern und zwischen bestickten Sofapolstern auf die Meldung vom Sieg über den Tod. In diesen beengten Wänden haben Leben und Tod buchstäblich keinen Platz mehr. In den Händen der Männer ist das Gebären gefährlich geworden und muß seitdem wie eine tückische Krankheit im Spital kontrolliert werden.

Der Tod wird als unerträglicher Schmutzmacher betrachtet, schmutzig wie die ganze Natur, die der Mensch zuerst in sich selbst vernichtet hat, um sich nun nicht mehr als im Gegensatz zu ihr befindlich zu erleben, sondern sich tatsächlich im Gegensatz zu ihr zu befinden, Todfeind allen Lebens. Die Welt wurde zur Umwelt. So konnte er sie – die nichtmenschliche, die feindliche – zuerst schamlos ausbeuten, um heute entsetzt vor ihrem bevorstehenden globalen Tod durch Vergiftung, Vernichtung, Atomkrieg und Übervölkerung zu stehen und verzweifelt nach einem Ausweg aus der Misere zu suchen. Wo soll er den finden? Wo soll er suchen?

Aus der Geschichte kann er nichts lernen, weil er die falschen Sachen aufgeschrieben hat. Nach seiner wahren Geschichte kann er nicht suchen, weil er sich nicht eingestehen kann, sich seit dreitausend Jahren auf einem furchtbaren Irrweg zu befinden. Der einzige Schatz, der ihm noch geblieben ist, in dem alles Wissen aufbewahrt ist, die Welt seiner Gefühle schläft in einem Schloß, das eine gewaltige Dornenhecke namens Todesangst umgibt, die jedem Schwertstreich widersteht. Es gibt ein Zauberwort, vor dem sich die

Dornenhecke der Angst vor Leben und Tod mühelos öffnet. Man kann jede vitale Frau, die nicht mehr Erfüllungsgehilfin des Unsterblichkeitswahns und sich ihrer selbst wieder bewußt geworden ist, danach fragen.

9. Kapitel

Von Trauer bitten wir Abstand zu nehmen

Es ist kein Zufall, daß der abendländische Mensch den Psychotherapeuten erfunden hat. Über Jahrtausende durch Angst konditioniert, durch Drohungen mit Strafen noch über den Tod hinaus gefügig gemacht, für ein bequemeres Leben mit Hilfe der Maschinen lebensuntüchtig und dumm geworden, durch verwirrende Doppelbedeutungen der zwischenmenschlichen Kommunikation in den Wahnsinn getrieben, erdrückt von Schuldgefühlen, wenn er einmal seiner Natur gefolgt ist, aber kaltgelassen von der dreitausend Jahre alten wahren Schuld am Leben, steht er hilflos vor den furchterregenden Dämonen, die ihn in seinem Inneren quälen. Wo kommen die nur her? Verzweifelt blickt er auf seinen empfindungsunfähigen Körper. Mit Ekzemen bedeckt, verquollen von Allergien, von Krebs zerfressen, sich unter den schneidenden Schmerzen eines Magengeschwürs zusammenkrümmend, dumpfes, klebriges Pochen stechend im Rücken, an Bluthochdruck bald platzend, asthmatisch nach Luft röchelnd, wälzt er sich nachts schlaflos im Bett und lauscht auf sein bald rasendes, bald stolperndes Herzklopfen. Etwas stimmt nicht mit ihm, soviel ist ihm klar. Er versteht es nicht, er hat doch alles: Wohlstand, Bildung, Freiheit, Freizeit, Frieden; alles das, wovon Generationen seit Jahrtausenden träumten. Trotzdem ist er oft ohne aktuellen Anlaß niedergeschlagen, unruhig, tieftraurig, kraftlos und bedrückt. Also schämt er sich ob seiner Undankbarkeit und seines Versagens, sich glücklich fühlen zu können, noch obendrein. In regelmäßigen Abständen attestiert ihm ein Arzt »vegetative Dystonie«, gibt ihm ein paar Pillen, und wenn die den Patienten nicht umgebracht haben, schickt er ihn zur Kur und gibt ihm den bemerkenswerten Rat, kürzer zu treten. Noch kürzer? Der stillstehende, sich auf der Stelle drehende, erstarrte und gefühlsgelähmte Mensch fragt sich zu Recht, wie er das bewerkstelligen soll.

Dem Wiener Arzt Sigmund Freud kommt das Verdienst zu, seelisches Leid als ernstzunehmende Krankheit akzeptabel gemacht zu haben. Das zu seiner Zeit wahrscheinlich weit und breit einzige gesunde Wesen, die hysterische Frau, brachte ihn zu dieser Erkenntnis. Hystera heißt auf griechisch Gebärmutter. Die inzwischen domestizierte, zum dummen Haustier erniedrigte, ihrer Würde beraubte, lebensängstliche, frauenhassende Söhne und männerfürchtende Töchter produzierende Hüterin der dunklen Höhle war zwar in ihrem Zentrum gleich unter dem Fischbeinkorsett schwer verwundet, aber immerhin noch gesund genug, sich mit dem Protest der Hysterie bemerkbar zu machen. Es war nur ein Viertelschritt zum Leben hin. Freuds Interpretation des weiblichen Seelenlebens war in Wahrheit eine Interpretation männlicher Lebensängste. Doch immerhin wies er den Weg in die Welt der Gefühle, den seither Therapeuten mit unterschiedlicher Gangart zu beschreiten versuchen.

Schon Freud beklagte, womit sich anschließend Generationen von Psychoanalytikern und -therapeuten herumschlugen: Trotz jahrelanger Behandlung sind die Heilungserfolge psychischer Störungen nur gering. Warum ist das so? Sind die Seelenheiler doch nur die Scharlatane, für die sie von der Gesellschaft und den konkurrierenden Pillenverschreibern lange gehalten wurden? Sie sind logischerweise nicht besser als die von ihnen zu kurierende Gesellschaft, deren Spiegel sie bestenfalls sein können. Auch kann man sich des Eindrucks nicht erwehren, daß die meisten darüber hinaus selber der fachkundigen Hilfe bedürften, haben sie doch in den hintersten Kellern ihrer Seele oft nur notdürftig Schönheitsreparaturen vorgenommen und kranken vielfach selbst an der Angst vor dem Leben. Sie bevorzugen es, zu denen zu gehören, die Emotionen hervorrufen, statt sie selber zu erleiden. Ihrer Lehranalyse, beziehungsweise bei anderen Methoden der Psychotherapie ihrer eigenen Therapie, unterziehen sie sich, weil es Voraussetzung der Ausbildung ist und damit ihnen niemand nachsagen kann, sie wollten mit der Therapierung fremder Menschen ihre eigenen Probleme lösen. Ein Großteil von ihnen glaubt, daß eine fundierte Ausbildung ausreicht, um sie zu diesem Beruf zu befähigen, und hat noch nie davon gehört, daß es darüber hinaus eine Frage der eigenen Lebenshaltung ist. Wenn Therapiepläne Lebenspläne sind, dann ist der Lebensplan des Lebenspläne verordnenden Therapeuten neben der Ausbildung wichtigste Voraussetzung für therapeutische Kompetenz. Aber das alles ist nicht allein der Grund, warum das psychische Elend trotz zahlenmäßigen Anwachsens der Psychotherapeuten nicht geringer wird. Der um seine innere Befreiung ringende Mensch, hier Patient genannt, ist der Mittelpunkt, um den sich Therapie und Therapeut drehen. Der Therapeut kann nur Helfer sein, die tatsächliche Arbeit muß der Patient leisten. Darin liegt eine besondere Schwierigkeit, denn Patienten sind daran gewöhnt, daß Hilfe von außen kommen muß, daß Heilen die Gabe des Arztes ist, der er, der Hilflose sich passiv zu ergeben hat. Die Erfordernis der aktiven Selbstheilung konfrontiert den Patienten damit, daß er in Wahrheit keine Veränderung erträgt, was er normalerweise erfolgreich vor sich selbst verheimlicht. Die schwierige Sache der seelischen Befreiung ist im Grunde ganz einfach. Konfuzius: »Der Weg nach draußen führt durch die Tür. Warum nimmt niemand diesen Weg?«

Ein Mensch, der bei fest verschlossenen Fenstern in einem Zimmer sitzt, in dem sich eine defekte Gasleitung befindet, aus der langsam aber stetig tödliches Gas herausströmt, wird versuchen, zur Tür hinaus zu flüchten, um sich zu retten. Wenn er aber glaubt, daß dort draußen eine Reihe von Heckenschützen nur darauf wartet, daß er sich in der Tür zeigt, so steckt er zweifellos in der Klemme. Hält sich dieser Mensch nun ein feuchtes Taschentuch vor die Nase und hofft, sich damit gegen das Gas schützen zu können, so kann jeder mühelos erkennen, daß dieses törichte Verhalten seine Lage nicht verbessern wird.

Hält sich ein Mensch aus Angst vor seelischen Schmerzen in der Enge seines Gefühlspanzers selber gefangen, auch dann, wenn er darin langsam erstickt und diesen Erstickungstod dem Risiko der seelischen Schmerzen vorzieht, dann halten wir das für verständlich, mindestens dann, wenn wir selber dieser Mensch sind. Sind wir es selbst, finden wir auf einmal inadäquate Rettungsversuche wie das feuchte Taschentuch gar nicht mehr so töricht.

Der englische Psychoanalytiker Ronald D. Laing sagte, daß »manche Psychotiker die Psychoanalyse als einen relativ sicheren Ort (betrachten), wo man jemandem erzählen kann, was man wirklich denkt. Sie können Patient spielen und die Scharade durch Bezahlung des Analytikers sogar fortsetzen – vorausgesetzt, er kuriert sie nicht. Sie können sogar vortäuschen, kuriert worden zu sein, wenn es für den Analytiker einmal schlecht aussieht, weil er fast nur Leute hat, die sich nicht zu bessern scheinen.« Lebenserfahrene Therapeuten wissen, vorausgesetzt, sie gehören zu denen, die ihren Patienten nicht nur die Abwehrlöcher der sozialen Auffälligkeit wieder flicken, sondern ihnen zu einem abwehrfreien Leben verhelfen wollen, daß auch gutwillige Patienten, die die Schinderei der Selbstheilung auf sich zu nehmen bereit scheinen, dennoch immer wieder den Umweg über körperliche Krankheiten nehmen oder auf andere Weise in gestähltem Widerstand glänzen, als sich dem seelischen Schmerz und seiner Verarbeitung zu stellen. Besonders gefürchtet bei Therapeuten ist der Berufspatient, auch Koryphäenkiller genannt, der voller Begeisterung und Enthusiasmus bereits durch alle Arten der Psychotherapie gegangen ist und bei dem nichts »geholfen« hat. Diese Patienten machen oft eine Reihe ganz unterschiedlicher Störungen durch, bis sie endlich die richtige gefunden haben, in der sich einerseits ihr Problem ausdrücken läßt, während sie andererseits heilungsresistent, das heißt unbelastet von Veränderung bleiben dürfen.

Das Beispiel des 38jährigen P. W. soll erläutern, wie das vor sich geht. Er lebt, wenn auch in getrennten Wohnungen, noch im Hause seiner Mutter. Weil er sowohl in seinem Beruf als Bankangestellter unglücklich ist als auch zu Frauen keine befriedigende Beziehung findet, fängt er ständig Psychotherapien an, die er aber immer wieder abbricht, weil er die ideale Therapie, die ihm helfen könnte, einfach nicht findet, beziehungsweise jede Therapie, die er gerade durchmacht, von irgendwelchen neuesten Erkenntnissen überholt wird, was der Beweis ist, daß auch diese Therapie die falsche war. Daneben hockt er in indianischen Schwitzhütten, versucht Tai Chi zu lernen, befaßt sich mit Yoga, was er sogar schließlich für eine kurze Weile selber unterrichtet. Er ist imstande, mit jedem Therapeuten, gleich aus welcher Schule dieser stammt, zu fachsimpeln. Er wechselt mehrfach Arbeitsplatz, Beruf und Freundin. Aber auch hier findet er einfach nicht das Richtige. Unterdessen klagt er über heftige Rückenschmerzen. Er kann sich kaum bewegen, kann nichts mehr tragen, ein Bein fühlt sich taub an. Diagnose: Bandscheibenvorfall. Nun beginnt er eine Reihe von Körpertherapien und startet selbst eine Ausbildung als Psychotherapeut. Es ist eben einfacher, bei anderen die Emotionen hervorzurufen, die die Wahrnehmung der vitalen Impotenz bei uns selbst verhindern, und das schafft die Illusion, daß etwas in Bewegung gerät. Immer wieder spielt er mit dem Gedanken, sich operieren zu lassen, aber jedesmal findet sich rechtzeitig genug eine neue Therapie, die er vorher noch ausprobieren muß. Sein Leben ist durch seine Krankheit zwar einerseits sehr eingeschränkt. Diese Krankheit garantiert ihm aber sowohl, von allen Belastungen des Lebens befreit zu werden und Anspruch auf Schonung zu haben, wie sie auf ganz ehrbare Weise verhindert, in die Tiefen des eigenen Unterbewußtseins hinabzutauchen.

In den Tiefen unseres Unterbewußtseins haben wir ein gefrorenes Meer ungeweinter Tränen angesammelt, dort hausen ekelhafte Ungeheuer, Kinder der Angst, Einsamkeit und Verlassenheit, dort frißt verbotene Wut sich unaufhörlich nach innen. Das ist der Preis, den wir dafür zu zahlen haben, daß es einen

Tod vor dem Leben gibt. Das Meer leerzuweinen und sich von den Ungeheuern zu befreien hieße zu leben. Das aber hieße auch Schmerz und Tod zu akzeptieren. So ist es kein Wunder, daß wir die Welt der Gefühle für einen gefährlichen Ort halten, den man besser nicht betritt. Unterdessen schlägt das Leben uns weiter. Neue ungeweinte Tränen kommen stetig hinzu, Angst und Wut vermehren sich laufend, bis unser Inneres einer Tropfsteinhöhle gleicht. Unter dieser unaufhörlichen Zufuhr von Schmerz und Leid geht es jetzt schon lange nicht mehr um das Leben, sondern nur noch um das Überleben. So wird Durchhalten die Maxime. Wir schützen uns mit einem festen, undurchdringlichen Panzer vor unseren Empfindungen. Durchzuhalten ist aber nur sinnvoll, wenn es ein Ziel zu erreichen gibt, wenn am Ende Überwindung steht, wenn die Befreiung von unseren Qualen winkt, wenn die Seele gereinigt und der Panzer abgestreift ist. Dies macht Sinn, wenn es um das Sein geht. In der Welt des Habens ist der Panzer Besitz, ohne den wir uns so schutzlos vorkommen wie der Einsiedlerkrebs ohne die fremde Muschel, in der er lebt. Mehr noch: Es lauern außerhalb zweierlei Gefahren, zweierlei Formen von Leid, die der in seinem Panzer gefangene Mensch in seiner eingeschränkten Wahrnehmung nicht voneinander unterscheiden kann. Von innen sieht es so aus, als wäre alles, was von außen kommt, leidvolle Katastrophe. Diese Ansicht bezieht er aus seinen Erfahrungen und kann nicht erkennen, daß diese von seiner eingeschränkten Wahrnehmungsfähigkeit interpretiert werden. So wird das Durchhalten im starren Gehäuse zum hilflosen Hinauszögern kommender, wie er glaubt, mit Sicherheit zu erwartender Katastrophen, als die wir das Leben gelernt haben zu begreifen; das ganze Leben ein stetiger Abstieg, gegen den man sich stemmt, und wenn es sein muß durch mehr und mehr Einschränkung bis zur Bewegungsunfähigkeit. Gefühle, diese unberechenbaren, chaotischen Gefühle werden zu unerwünschten Dissidenten in unserem abgedichteten, totalitären Innenleben, denen man nicht trauen kann und die wir deshalb zu liquidieren trachten, gleich wie sie daherkommen. Sie gehen, wie alle Dissidenten, in den Untergrund und schlagen von dort aus zurück. Sie sind nicht umzubringen, solange wir leben.

Wir kennen angenehme und unangenehme Gefühle und sind – was nur so lange verständlich ist, wie wir versteckt hinter unserem Gefühlspanzer leben – nur an den angenehmen interessiert. Zorn, Wut, Angst, Haß, Verzweiflung, Neid, Eifersucht, Schuldgefühle, Trauer, Unzufriedenheit und Verlassenheit sind unangenehme Gefühle; Glück, Freude, Zufriedenheit und Geborgenheit sind angenehme. So sind wir bestrebt, Situationen, die unangenehme Gefühle hervorrufen, zu vermeiden. Wenn wir sie dennoch empfinden müssen, suchen wir sie aus unserem Bewußtsein hinauszudrängen, bevor sie uns weh tun und verletzen. Tatsächlich aber sollten Gefühle als echt und unecht unterschieden werden. Unechte Gefühle sind die Reaktion auf künstliches Leid, das uns zugefügt wurde und wird. Echte Gefühle folgen auf echtes Leid. Künstliches Leid stammt aus dem Totenreich auf Erden, entsteht durch den Unsterblichkeitswahn. Es zieht immer dieselben Ewigkeitsschleifen, weil es uns in der Vergangenheit festhält. Ohne uns dessen bewußt zu sein, suchen wir im Heute nach der Liebe, die wir im Gestern nicht bekommen haben.

Selbst wenn wir jedoch im Heute Liebe bekämen,

drückt uns der uns nicht bewußte Hunger nach Liebe aus dem Gestern auch weiterhin und treibt uns wieder in die Leidensschleife, weil wir den Schmerz des einstigen Ungeliebtseins nicht ertragen zu können glauben. Echtes Leid ist kreativ, es läßt Lernprozesse und seelisches Wachstum zu, und am Ende steht die Befreiung davon. Es läßt sich das unechte in echtes Leid umwandeln, wenn wir die Tür zu unseren Gefühlen wieder öffnen und dem alten Schmerz erlauben, gefühlt und verabschiedet zu werden. Oft besteht die Heilung schon im Akzeptieren der Wirklichkeit, was sich leichter anhört, als es ist.

Das zentrale Verlangen jedes Menschen ist, zu fühlen und gefühlt zu werden. Wenn wir die unangenehmen Gefühle unterdrücken, so erreichen wir das nur, indem wir dieses zentrale Verlangen verleugnen und unsere Empfindungsfähigkeit insgesamt abtöten. In der Welt der Gefühle gilt: alles oder nichts. Wir sind dann nicht mehr imstande, überhaupt zu fühlen. Wer nicht hassen kann, kann also auch nicht lieben. Wer nicht trauern kann, wird auch Freude nicht mehr spüren. Daher kann jemand, der seinen Zorn unterdrückt, durchaus daran sterben (zum Beispiel indem er Krebs bekommt oder an Asthma erstickt); nicht nur, weil diese Gefühle, wenn sie nicht bewußt gefühlt werden dürfen, zerstörerische Kräfte entwickeln, sondern auch, weil der Mensch dann keinen Zugang zur Lebensfreude mehr hat.

Alle Gefühle, ob angenehm oder unangenehm, sind real. Echt sind sie jedoch nur, wenn sie der realen Situation entsprechen. Die Liebe, die eine Frau für einen Mann empfindet, der sie schlägt und seelisch mißhandelt oder der schlicht aus Unfähigkeit nur lieblos ist, ist real, aber unecht. Die Angst, die wir vor einer Prüfung haben, ist real; sie ist aber nicht echt, wenn wir uns ausreichend vorbereitet haben. Real sind diese Gefühle, weil sie existieren. Echt sind sie nur, wenn sie der realen Situation entsprechen, in der wir uns befinden. Echte Gefühle lassen sich von unechten unterscheiden, wenn wir prüfen, ob das jeweilige Gefühl adäquat zur Situation ist und aufgegeben werden kann, wenn das nicht so ist. Etwas aufgeben zu können ist etwas völlig anderes als etwas nicht zuzulassen, auszugrenzen, zu unterdrücken. Aufgeben kann ich nur etwas, was ich zuvor wahrgenommen und dann seelisch verarbeitet habe, bis ich es freiwillig loslassen kann. Dies ist der Weg, sich von unechten, quälenden Gefühlen zu befreien. Echte Gefühle lösen sich von selber auf, sobald die dazugehörige Situation sich verändert hat. Diese Veränderung zu bewirken und Kraft für die neue Situation zu haben ist der Sinn der echten Gefühle. Freude macht uns stark, um zukünftige Trauer bewältigen zu können; bewußt durchlebte Trauer verabschiedet das Leid und macht den Weg zur Freude wieder frei.

Wer soweit ist, ein gefühlsbegabtes Wesen werden zu wollen, steht vor der nächsten Wand. Mag der einzelne auch all seine Gefühle fühlen wollen, er darf es nicht. Gefühle unterliegen einer strengen Hierarchie. Sitte und Konvention sind der geheimnisvolle, angelegte Maßstab, nach dem entschieden wird, welchen Gefühlen in der Öffentlichkeit, also im für andere Menschen wahrnehmbaren Bereich, Ausdruck verliehen werden darf. Danach steht Glück auf Platz eins der Hitliste. Die dauerhafteste Form des Glücks erscheint uns der Besitz von viel Geld, das gleichbedeutend mit Sicherheit über den Tod hinaus ist. Der zweite Platz wird von der Zufriedenheit belegt: Hauptsache, wir sind gesund, falls wir es nicht zu viel Geld gebracht haben. Im neutralen mittleren Bereich finden wir die Freude. Gleich dahinter, gerade noch akzeptabel, kommt die Depression. Schon in der Tabuzone, ziemlich weit unten, rangieren Haß, Neid und Eifersucht. Abgeschlagen auf den hintersten Plätzen finden sich Wut, Zorn und Trauer. Je niedriger der Platz, um so weniger dürfen die Gefühle offen gezeigt werden. Warum?

Dies ist eine umgekehrte Skala von Energie und Lebendigkeit. Eine Gesellschaft, die nur an toten Automaten interessiert ist, muß Lebendigkeit bekämpfen. Je wilder und anarchischer diese Lebendigkeit sich bemerkbar macht, um so mehr Unruhe kommt in das Totenreich auf Erden und um so größer wäre die Gefahr, daß es jemandem besser gefiele, lebendig zu werden, als weiter ein lebender Toter unter lebenden Toten zu sein. Verstöße gegen den Tod vor dem Leben werden vor allem mit Schuldgefühlen geahndet; das ist eine praktischere und sauberere Lösung als der altmodische Scheiterhaufen. Einzige Quellen göttlicher, heiliger Lebendigkeit, die sich nicht automatisieren und ersetzen lassen, sind Sexualität und Tod. Während sich aber aus der sprudelnden Quelle der Sexualität ein begradigter Kanal machen läßt, in dem nur noch eine trübe, stinkende, braune Brühe langsam dahinfließt, läßt sich dem Tod auf diese Weise nicht beikommen. Kinder kann man auch in einem völlig empfindungsunfähigen Körper bekommen. Ein Großteil der Männer ejakuliert und glaubt, das wäre schon ein Orgasmus. Man kann auf Sexualität sogar ganz verzichten und zum Dogma erklären, daß es Gott nicht beleidigt, sondern erfreut, wenn wir dieses kostbare Geschenk von ihm nicht annehmen und statt dessen als Ersatz schöne Bilder malen, gelehrte Bücher schreiben oder, falls es uns an Talent mangelt, Bilder und Bücher sammeln oder zehnmal am Tage beten. Auf den Tod zu verzichten ist uns dagegen nicht möglich, auch wenn wir es uns noch so sehr wünschen. Unterdrückte, auf den Kopf gestellte Sexualität läßt sich in den Dienst des Unsterblichkeitswahns stellen. Doch der Tod zeigt gnadenlos die Grenze dieses Wahns. Er hat Hand und Fuß und stellt jeden einzelnen von uns am Ende des Lebens vom Kopf wieder auf die Füße.

So bleibt nur Verleugnung an dieser Front im Kampf gegen das Leben. Und plötzlich erscheint es logisch, daß von Trauer Abstand genommen werden muß, denn sie zuzulassen hieße den Tod anzuerkennen und ihm Unbesiegbarkeit zuzugestehen, ihm seinen Platz im Leben zurückzugeben. Nun wird verständlich, daß öffentliche, direkte, schamlose Trauer genauso wie die natürliche Lust der Sexualität hinter die Schamgrenze verbannt wird und mit ihr auch alle anderen Gefühle, die auf den unteren Plätzen gelandet sind. Erlaubte man auch diesen, offen und bewußt gefühlt und ausgedrückt zu werden, vor allem Wut und Zorn, so würden sie uns über die Traurigkeit zur Trauer führen, sobald sie sich entladen hätten und aufgegeben werden könnten. Wut, Zorn und Trauer rühren an eine Dimension, die der Mensch bereits in sich überwunden zu haben glaubte; es ist die Dimension des im Unbewußten wirkenden ursprünglichen Lebens.

Der reibungslose wirtschaftliche Ablauf hat in den Industriedemokratien Priorität vor der Befriedigung der menschlichen Grundbedürfnisse, auch wenn das Glaubensdogma genau umgekehrt lautet, also die Wirtschaft die Dienerin der Grundbedürfnisse des

Menschen sein soll. Längst haben Wirtschaft und Leben nichts mehr miteinander zu tun. Die Verhältnisse haben sich bereits umgekehrt. Unsere Liebe und Fürsorge gilt unseren Kindern aus toter Materie, nicht unseren lebenden. Wer das nicht glaubt, der achte einmal auf die eigene Reaktion, wenn der kleine Moritz tatsächlich aus Papas Stereoboxen wunderbare Hamsterkäfige baut. Wir haben die autogerechten Städte, aber keine kindergerechten Wohnungen und Seelen. Der Skandal besteht nicht einmal in dieser Tatsache, sondern darin, daß diese Aussage nichts Neues mehr ist und immer noch keinen der Hunde, die das zu verantworten haben, hinter ihren Öfen hervorlockt.

Die Lösung, die uns einfällt, besteht darin, unsere Kinder schon ab dem Kleinkindalter in Kindergärten wegzusperren, wo ihnen die Welt auf Tafelbildern nahegebracht wird. Die heute Vierzigjährigen müßten sich noch gut daran erinnern können, daß sie selber dereinst noch auf den Gassen in selber ausgewählten Kindergruppen das Leben entdecken durften. Dem Wegsperren in Kindergärten liegt dasselbe Lösungsprinzip zugrunde, wie wenn man bei nicht mehr zu übersehender Luftverschmutzung einfach die Fabrikschlote höher zieht, damit woanders die Wälder sterben.

In dieser Welt, die wir für uns geschaffen haben, die aber für uns gar nicht mehr da ist, beziehen wir unsere Identität aus der Lücke zwischen den Maschinen. Wir sind das, was Maschinen noch nicht können. Aber wir arbeiten hart daran, auch uns bald durch Maschinen ersetzen zu dürfen. So ist es auch verständlich, warum wir zwar eine Lücke füllen, aber keine reißen, wenn wir durch Energieausfall wie Krankheit oder Tod ausfallen. Folgenlos ist unser Ausfall dennoch nicht. Ein

Heer von Statistikern rechnet uns jederzeit mühelos vor, was das alles wieder kostet. Angesichts der Beschämung, ein rücksichtsloser Kostenfaktor zu sein, muß unser persönliches Leid zur Bedeutungslosigkeit schrumpfen, und Trauer wird zur Pflichtverletzung. So glauben auch wir, daß alle Formen der Schwäche, die Trauer allen Schwächen voran, eine Art Nervenkrise ist, eine peinliche Charakterschwäche, eine verwerfliche Art von Exhibitionismus. Daß Gefühle Geld kosten, kann nicht das wirkliche Problem sein. Jährlich verschlingt die unzulängliche Behandlung verleugneten seelischen Leidens durch die Mediziner Unsummen, ohne daß sich an diesem Leiden etwas ändert. Die Fehlzeiten in den Betrieben durch immer wiederkehrende Krankheiten, die unter dem Begriff »vegetative Dystonie« zusammengefaßt sind, sind enorm. Drogen, Alkohol und Medikamentenmißbrauch machen ständig mehr und mehr Arbeitskräfte unbrauchbar. Immer mehr Arbeitnehmer müssen in Frühpension gehen. Immer mehr Alten- und Pflegeheime werden gebraucht. Justiz und Strafvollzug sind auf Jahre ausgebucht, weil die Rate der Kriminalität steigt und in ihr die Rate der Gewaltdelikte. Die unvorstellbaren Summen, die das alles verschlingt, würden ausreichen, um ein Drittland unserer Wahl permanent von seiner Armut zu befreien. Wir leisten uns das und sind dennoch ein reiches Land. Wir würden uns noch mehr leisten, wenn wir dafür nicht sterben müßten, wenn wir ewig leben dürften.

Trauer erkennt man daran, daß sie endlich ist wie das Leben. Sie ist der reine Schmerz, der Schrei hinauf in den Himmel. In unserem an Trennungen reichen Leben ist sie die Reaktion auf das Unvermeidliche, von der jede Wandlung begleitet werden muß, Ausdruck größter Liebe im Abschied. Trauer ist Schmerz. Und Schmerz ist Schmerz. Man kann ihn nicht auf zivilisierte, wohlerzogene Weise fühlen, noch innerhalb der Barrieren der Konvention. Er ist wild, er schreit, er tobt und brüllt, bis wir uns, überwältigt von ihm, spastisch krümmen und nichts mehr Raum neben ihm hat. Denn kein anderer Schmerz kommt dem Schmerz der Trauer gleich. Sie ist umwerfend. Sie ist Leben, und das heißt, sie ist ungewaschen und unordentlich, sie sticht, sie brennt, sie bohrt und drückt. Sie ist unberechenbar und nicht zu steuern. Sie ist Katharsis, und darum macht sie frei.

Leben ist ein Zyklus in einem Zyklus in einem Zyklus, was die künstliche Welt des Unsterblichkeitswahns nicht ganz überdecken kann. Zyklisches Leben heißt vor allem Trennung, Abschied, Tod, ohne die Neues nicht kommen und ohne die der Kreis der Wandlungen nicht vollendet werden kann. Indem wir geboren werden, trennen wir uns von der vollkommenen Welt im Leib der Mutter. Das Kleinkind hört auf, an der Mutterbrust zu saugen, und beendet in den darauffolgenden Jahren die Symbiose, wenn die Mutter es zuläßt. Wir kommen in die Schule. Wir müssen die Eltern verlassen, wenn wir erwachsen sein wollen. Wir bekommen selber Kinder und werden Eltern. Die Kinder verlassen uns eines Tages, damit sie befreit von uns seelisch wachsen können. Wir verlieren den Partner durch Tod der Beziehung oder leiblichen Tod. Wir trennen uns nach jeder sexuellen Vereinigung. Wir trennen uns in der Menopause vom menstruellen Zyklus, wir trennen uns im Alter von der kraftvollen Macht des mittleren Alters, wir trennen uns vom leiblichen Leben durch den Tod. Wer das nicht akzeptiert und gegen den Zyklus lebt, wer die Abschiede nicht vollzieht und nicht Tränen der Trauer vergießt, bleibt sein Leben lang ein nicht ganz fertig geborenes und daher behindertes Kleinkind, das den größten Teil seines Lebens nicht weiß, was es tut und schon gar nicht warum, und das irgendwann (zu seiner großen Überraschung) stirbt, ohne je erfahren zu haben, wie schön das Leben in seinen Wechseln und Wandlungen ist. Trauer rettet Leben. Sie bedeutet Wachstum. Wer die Wandlungen im Laufe seines Lebens ernst nimmt, wer Trennungen vollzieht, wo sie dem Leben dienen, wer rechtzeitig um das Alte trauert und dann das Neue ohne Angst willkommen heißt, der muß den Tod nicht mehr fürchten und wird auch diesem letzten Abschied erlauben zu sein. Der wird um den Verlust eines geliebten Menschen laut und intensiv trauern, um sich dann dem Leben voller Energie und Freude wieder zuwenden zu können.

Erst wenn Trauer still getragen wird mit geradem Rücken und hoch erhobenen Hauptes, erhalten wir die Auszeichnung des tapferen Ertragens. Je stiller sie daherkommt, je einsamer sie getragen wird, um so größer erscheinen wir denen, die wir nicht damit belästigen. Wer sich in seiner Trauer nicht freiwillig selber isoliert, der wird notfalls auch gegen seinen Willen ausgesondert, bis er sich wieder im Griff hat. Auf ihm liegt ein Stigma, das Stigma der Sterblichkeit. Trauernde erscheinen wie ein leibhaftiges böses Omen, hinter ihnen steht der grinsende Sensenmann, und wir behandeln sie, als hätten sie eine verschmutzte Aura, als wären sie Kranke, die man bei geschlossenen Fenstern in abgedunkelte Räume steckt, in deren Gegenwart man nur mit gedämpfter Stimme spricht, nicht lärmt und nicht lacht. Oder wir behandeln sie wie sonst nur die Behinderten, indem wir an ihnen vorbeisehen, um nicht erschreckt zu werden von ihrer Andersartigkeit. Wir sprechen zu ihnen in geheuchelter Anteilnahme leere Worte leeren Trostes, die die eigene Hilflosigkeit überdecken sollen.

Hilflosigkeit ist das Gefühl, das wir mit Tod und Trauer verbinden. Die Rituale, die einst der helfende Leitfaden durch die Trauer waren, sind zu leeren Formen erstarrt und von greller Künstlichkeit wie Disneyland. Statussymbole ersetzen auch im Tod das Gefühl. Trauerrituale, die dem Gefühl dienen, sind inzwischen ganz verschwunden. Was geblieben ist, sind Beerdigungsrituale, die jedoch größtenteils ihren Sinn verloren haben. Da steht die Zahl der Trauergäste in direktem Verhältnis zur Beliebtheit des Verstorbenen, denen vorgeführt wird, was der Tote sich alles noch finanziell leisten kann. Wer es im Leben nie zu einem Porsche gebracht hat, der gönnt sich jetzt mindestens einen Mercedes unter den Särgen. Letzter Schrei ist der Designer-Sarg. Da gibt es professionelle Ansprachen und Festdichtungen für alle Bekenntnisse, kostümierte Sargträger in beliebiger Anzahl, mietbaren Grünschmuck für die Andachtshalle (Extrabeleuchtung kostet extra); vorformulierte Todesanzeigen, die sich alle so lesen, als wäre da nicht einer gestorben, sondern gleich eine ganze Familie ausgerottet worden (Unser geliebter Opa, Onkel, Vater, Neffe, Schwager); Danksagungen voller leerer Floskeln, die manchmal bis ans Kabarettistische grenzen (Ruhe in Frieden – bis wir uns wiedersehen); Gräber im Reihenhaus- oder Landhausstil. Wir brauchen nur im Katalog zu blättern, auszusuchen und zu zahlen. Eine »schöne Leich« bringen wir allemal zusammen.

Zurück bleibt Schuld statt Trauer. In unserem Hirn läuft immer die gleiche Schallplatte ab: Was hätte ich tun können, um es zu verhindern? Was hätte ich noch sagen sollen? Etwas hat gefehlt, wir spüren es tief in unserem Inneren. Schuldgefühle, die uns lebenslang quälen werden als ein zwanghaftes Verharren in dem Gefühl, versagt zu haben, mit einem auf die Vergangenheit festgefrorenen Blick. Ein abschiedsloses Lebensende ist nicht nur grausam für den Sterbenden, sondern auch für die Lebenden. Was aus Angst, Feigheit und Trägheit des Herzens nicht in einen klaren Abschied führte, wird unser Leben vergiften. Nicht gelebte Trauer führt zur weiteren Unfähigkeit, Abschied zu nehmen, ein Elend, das von Generation zu Generation weitergegeben wird. Was nach einem abschiedslosen Tod und der Unfähigkeit zu trauern für die Lebenden erfolgt, soll folgendes Fallbeispiel zeigen:

Ein junges Mädchen befand sich ihrem Alter gemäß in der Ablösung von ihrer hypochondrischen, einsamen Mutter, die jeden Ablösungsversuch ihrer Tochter aus Angst vor Verlassenheit mit Herzanfällen beantwortete. »Wenn du das tust, wirst du mich umbringen«, war der Standardsatz der Mutter auf Ablösungsversuche der Tochter. Als sich die körperlichen Beschwerden der Mutter über etwa ein Jahr mehr und mehr häufen, läßt sie sich gründlich untersuchen. Der Hausarzt findet nach wiederholten Untersuchungen nichts. Zu der Zeit, als die Tochter schwanger wird, ist der Zustand der Mutter plötzlich so ernst, daß sie ins Krankenhaus kommt. Die inzwischen 19jährige Tochter faßt dies als einen erneuten Versuch der Mutter auf, sie an sich zu binden, und reagiert mit ablehnendem Zorn. Nachdem die Mutter einen Monat im Krankenhaus liegt, erfährt die Tochter nebenbei und per Telefon von einer Verwandten, daß die Mutter unheilbar an Krebs erkrankt sei und im Sterben liege.

Man habe es ihr nicht sagen wollen, um das ungeborene Leben zu schützen. In den folgenden zwei Monaten bis zum Tod der Mutter herrscht zwischen beiden Schweigen über die Krankheit und den bevorstehenden Tod. Die Tochter will die Mutter vor der schrecklichen Wahrheit schützen. Wie der Tochter erst Jahre später klar wird, wußte die Mutter aber offensichtlich, wie es um sie stand, und wollte wohl die Tochter nicht belasten. Als die Tochter eines Tages zufällig außerhalb der Besuchszeit ins Krankenhaus kommt, wird ihr gesagt, daß die Mutter an diesem Tage sterben werde. Sie darf bei ihr bleiben; aber als es dem Ende zugeht, wird die Tochter fortgeschickt. Wer bei der Mutter war, als sie starb, und wie die Mutter starb, weiß sie bis heute nicht. Sie durfte auch die tote Mutter nicht sehen. Als sie darauf bestand, hieß es, die Leiche sei schon fortgebracht worden.

Erst zwanzig Jahre später brach die Tochter unter der Last des versäumten Abschieds und der Schuldgefühle mit einem vermeintlichen Herzinfarkt zusammen. Sie benötigte noch einmal einige Jahre, in denen sie von panischen Angstanfällen gequält wurde, bis sie imstande war, zu trauern, Abschied zu nehmen und zu begreifen, daß sie nicht schuld war am Tode der Mutter. Um diese zwei Menschen herum gab es etwa 50 Personen, die das Geschehnis miterlebt hatten: Nachbarn, Freunde, Bekannte, Verwandte, Ärzte, Pflegepersonal. Keiner von ihnen half den beiden hilflosen Frauen, Abschied zu nehmen und zu trauern.

Jede Form der Trauer verläuft in drei Phasen, wie der kanadische Arzt Dr. Robert Buckman in seinem Buch »Was wir für Sterbende tun können« feststellt. Nur in der ersten können wir meist auf Hilfe rechnen. In der zweiten und dritten Phase stehen wir meist allein davor. Die Reaktion auf den Moment der Wahrheit ist ein Schock. Man fühlt sich wie erstarrt, wie betäubt. Man kann nicht weinen, es tut noch nicht weh. Es ist, als sei man von allen Gefühlen abgeschnitten, als liege zwischen einem selbst und der Welt ein hauchdünner, aber undurchdringlicher Plastikfilm. Man wird apathisch, die Körperbewegungen verlangsamen sich, als bewege man sich unter Wasser. Man kann buchstäblich nicht glauben, was passiert ist. Dann erst kommt die Zeit, in der die Tränen fließen, und es sind noch nicht Tränen der Traurigkeit, sondern der Verzweiflung. In dieser Zeit werden wir oft mit dem Rat konfrontiert, tapfer zu sein und doch nicht zu weinen. Dahinter steht die Bitte, den Ratgeber nicht mit Tränen und Leid aus der Fassung zu bringen. Wer tröstet, hält das Leid des anderen nicht aus. Nichts bringt uns so sehr aus der Fassung wie die einfache Wahrheit, daß es für vieles Leid keinen Trost gibt. Der Wunsch nach Tröstung ist der Wunsch, nicht erwachsen sein zu wollen. Es soll so sein wie damals, als Mama den ersten Fehler machte und uns ein Spielzeugauto kaufte, weil der Onkel Doktor uns mit der Spritze weh getan hat.

Die zweite Phase ist die, in der wir uns dessen bewußt werden, daß das Leben weitergeht. Wir müssen in den Alltag zurückkehren. In dieser Phase bleiben die meisten Menschen in ihrer Trauer stecken und führen ein Leben mit Gespenstern, manchmal für Jahre, manchmal ein ganzes Leben lang. Nach außen hin geht es dem Menschen wieder gut. Er hat sein Leben wieder im Griff, daher ziehen sich die, die ihm in der ersten Phase beigestanden haben, erleichtert wieder zurück, denn das Schlimmste habe der Trauernde nun überstanden, wie sie meinen. In dieser Zeit jedoch wird man sich des Verlustes auf schneidend-schmerzhafte Weise bewußt, ist das »Nie mehr« in unübersehbarer Deutlichkeit da und nimmt uns die Luft, steigen alle Fragen in das Bewußtsein, die mit »Hätte ich« beginnen. Wut auf andere, denen es gutgeht, die noch am Leben sind, stellt sich ein wie auch ein vages, kaum greifbares Gefühl der Überforderung, und man wünscht sich, jemand anderer könnte uns das Leben abnehmen. Unterdrücken wir diese Gefühle in uns und schaffen wir es, daß andere auf unsere Hilflosigkeit derart eingehen, daß sie uns die Arbeit an uns selber abnehmen, dann werden wir zum Gefangenen des Toten. Dann leben wir heute noch so, wie Papa es gewollt hätte, und können keinen eigenen Willen entwikkeln, der der jetzigen, realen Situation gerecht wird. Dann können wir nicht zum selbständigen Menschen reifen und wachsen.

Erlauben wir uns, die Traurigkeit der Verlassenheit zu fühlen, verbieten wir unserem Neid auf andere, denen es besser geht, nicht zu bohren, gestatten wir es uns, die zornige Ohnmacht zu empfinden, dann gleiten wir in die dritte Phase der Trauer über, in der sie sich allmählich auflöst und der Lebensfreude wieder Platz macht. So wenig, wie wir zumeist in der zweiten Phase darauf rechnen können, daß sich ein anderer Mensch die Mühe macht, uns bei der Trauer zu helfen, indem er mit uns über unsere Gefühle spricht und uns zuhört, statt es sich leicht zu machen, und uns schont, uns Wege abnimmt und auf unsere Absicht, unreif zu bleiben, hereinfällt, so wenig finden wir in der dritten Phase Unterstützung.

Der Schritt aus·der Trauer heraus in die Lebensfreude, die Loslösung von dem geliebten verstorbenen Menschen ist oft von Angst und Schuldgefühlen begleitet. Die Frage, ob die Zuwendung zum eigenen Leben die Abwendung von dem Verstorbenen bedeutet, quält immer wieder. Wir fürchten, es sei eine Art Verrat, sich der Liebe zu einem neuen Partner oder einem neuen Kind zu öffnen. Hier bedürften wir der Ermutigung, eine lustige Witwe sein zu dürfen, die eine ganz neue Welt entdeckt, in der der Verstorbene nicht vorkommt und die ihm vielleicht auch nicht gefallen hätte, ohne daß das bedeutet, man habe den verstorbenen Partner nicht geliebt. Der Zeitraum, nach dem jemand die Trauer auflöst und wieder in das Leben zurückkehrt, ist so variabel, wie es Menschen gibt. Der eine schafft es in zwei Monaten, ein anderer in zwei Jahren. Wer aber noch viel länger in der Vergangenheit verharrt, wer es dann immer noch nicht fertigbringt, die Kleidung des Toten wegzugeben, wer seine Wohnung und sein Herz zu einem Totenmuseum macht, wer den Toten idealisiert, bis er zu einem Wesen mit so wunderbaren Eigenschaften verklärt worden ist, wie es kein Mensch zu Lebzeiten je sein kann; wer nur sieht, welch guter, ja geradezu gütiger Mensch der Verstorbene war, und nicht ertragen kann, daß er auch schlechte Eigenschaften hatte, der ist in der Trauer und in Schuldgefühlen steckengeblieben. Da ist die Witwe, die ihren Kindern damit auf die Nerven geht, daß sie ihnen nicht erlaubt, erwachsen zu werden, weil alles unausgesprochen so bleiben muß, als sei Papa nur abwesend und kehre jeden Augenblick wieder zurück. Da ist die Tochter, die von Papa so sehr mit einer alles überstrahlenden Liebe geliebt wurde, daß sich kein lebender Mann damit messen kann und sich nicht an sie herantraut, selbst wenn sie es zuließe. Da ist der Sohn, der die gütige, alles verstehende Mutter immer dann besonders schmerzlich vermißt, wenn sich lebendige Frauen herzlos vom ewigen Sohn abwenden, weil sie lieber eigene Kinder kriegen, als ein fünfzigjähriges, 80 Kilo schweres, lebensunwilliges Waisenkind an ihrer Lebensenergie zapfen zu lassen. Da ist die Tochter, die als Zehnjährige einen Anruf ihres Vaters nicht als Hilferuf begriff, auf den sie in ihrem Alter noch gar nicht adäquat hätte reagieren können, und die sich dafür nach seinem Selbstmord als Buße lieber mit einem ganz grauen, entsagungsvollen Leben in Angst und ohne Freude bestraft, als zuzulassen und wahrzunehmen, daß ein Vater so etwas einer kleinen Tochter nicht antut und nicht antun darf, wenn er sie liebt; und die nichts davon wissen will, daß Eltern ihre Kinder zu lieben und danach zu handeln haben und nicht umgekehrt. Unsere Friedhöfe sind voll von solchen Heiligen.

Wer hilft uns in die Trauer? Wer hilft uns zurück ins Leben?

Das können wir nur selber tun. Und doch schaffen wir es nicht allein. So müssen wir lernen, um Hilfe zu bitten und Hilfe zu geben. Wir müssen lernen, daß manches, was wir für Hilfe halten, keine ist, daß manchmal ein Nein den Weg zurück in das Leben zeigt, obwohl wir es kaum über uns bringen, weil es uns lieblos erscheint, anderen das Leben nicht zu erleichtern. Hilfe kann immer nur sein, was den Hilflosen wieder zur eigenen Kraft zurückfinden läßt. So mancher Appell um Hilfe ist nichts anderes als die verkappte Bitte um Schonung vor dem Leben, nichts Geringeres als der Versuch, sich der Lebensenergie anderer zu bedienen, um weiterhin halbtot und nicht zu Ende geboren hinter dem Gefühlspanzer versteckt dahinzuvegetieren. So manche Bitte um echte Hilfe überhören wir, weil wir nicht wissen, was wir tun können; weil wir – selbst hilflos und halbtot – auf das Einfachste nicht kommen: zuwenden, zuhören, eine Hand halten, nahesein. Wir sprechen die Sprache der Gefühle nicht mehr, sie ist uns fremd geworden. Wir sollten sie wieder erlernen. Es ist unsere Muttersprache. Wir müssen den Mut haben, wieder zu fühlen, auch wenn dies schmerzhaft ist, und uns mit unseren Gefühlen wieder vertraut machen, damit wir ihnen vertrauen können und somit Selbstvertrauen erlangen. Unsere Gefühle sind ein zuverlässiger Wegweiser durch das Leben. Wenn wir mit ihnen in Verbindung bleiben, so ist es keine Frage mehr, wie wir uns und anderen helfen. Zugang zu ihnen finden wir, wenn wir uns ihnen ohne Umwege aussetzen. »Tod und Trauer sind des Menschen Fluch oder Ruhm, beides hängt von seiner bewußten Einstellung dazu ab... Das letzte Ziel der Aufarbeitung des Schmerzes liegt darin, sich ohne emotionale Schmerzen erinnern und emotionale Überschüsse wieder neu einsetzen zu können. Zwar ist die Erfahrung der Aufarbeitung von Schmerzen schwer, langwierig und ermüdend, aber sie schafft auch Bereicherung und Erfüllung. Die vollkommensten Menschen, die wir kennen, sind diejenigen, die Niederlagen, Leiden, Kämpfe und Verluste kennengelernt haben und ihren Weg aus den Tiefen herausfanden« (Roy Nichols in: Elisabeth Kübler-Ross, »Reif werden zum Tode«).

10. KAPITEL

Der unwirkliche Tod

Sein ganzes Leben lang ist der Mensch auf andere angewiesen. Ohne Du kein Ich. Der in Isolation, ohne Kommunikation und ohne Stimulierung aller seiner Sinne aufwachsende Mensch, der die liebende Nähe der anderen nicht erfährt, muß seelisch verkümmern und wird daran sterben. Doch obwohl ein Leben ohne andere Menschen undenkbar ist, ist der Mensch letztlich allein, ist die Haut seine wahre Grenze, wie sehr er sich auch danach sehnen mag, über sich hinauszuwachsen. Die Getrenntheit des Ich vom Du ist das Schicksal allen bewußten Lebens. Der Mythologe Joseph Campbell berichtet in seinem Buch »The Power Of Myth« von einem Mythos, der von der Erschaffung der Dualität erzählt. In dieser – hier sinngemäß nacherzählten Geschichte – ist die Tragik des in Materie gefangenen Bewußtseins enthalten: Es war eine Gottheit, ein Selbst, das sagte: Ich bin. Und sobald es dies ausgesprochen hatte, begann es, sich zu fürchten, denn nun, nachdem es sich seiner bewußt geworden war, befand es sich in Zeit und Raum. Dann dachte es: Wovor sollte ich mich fürchten, ich bin ja das einzige, das existiert? Sobald es dieses gedacht hatte, begann es, sich einsam zu fühlen, und wünschte, da wäre noch ein anderes. Und so begann es, Sehnsucht zu empfinden. Da schwoll es an, teilte sich und wurde männlich und weiblich. So begann die Welt. Getrennt von der Welt und doch Teil von ihr ist seither alles bewußte Leben.

Keiner kennt die Wirklichkeit des anderen, riecht

mit seiner Nase, hört mit seinen Ohren. Die wirklich wichtigen Schritte seines Lebens tut jeder Mensch allein, die wirklich bedeutenden Dinge spielen sich nur in seinem Inneren ab. Erkenntnisse können nur aus unserer eigenen Tiefe aufsteigen. Mögen sie auch nicht neu sein, sie müssen von jedem einzelnen Menschen neu erfahren werden. Andere Menschen können uns mit ihren Erkenntnissen wohl anregen, aber fremde Erkenntnisse können die eigenen niemals ersetzen. Es gibt keine Binsenweisheiten. Wer so über Erkenntnisse anderer urteilt, gibt nur die eigene Arroganz des vermeintlich Wissenden preis. Das Ich braucht wohl das Du, um sein zu können, aber es muß sich selbst ganz allein gegenübertreten, um die Wahrheit zu erfahren. Dazu muß es sich als Ich bejahen, es muß allein sein können und wollen.

Ob der Mensch allein sein kann, ob er sich lieben kann, ob er sich selbst eine gute Gesellschaft ist, hängt davon ab, ob er ein Selbstwertgefühl hat. Dieses hängt davon ab, wie gut er emotional versorgt wurde und wird. Wer bei seiner Ankunft auf der Erde nicht willkommen war, wer von liebesunfähigen Menschen aufgezogen wurde, die dazu wurden, weil auch sie einst bei ihrer Ankunft nicht willkommen waren, der wird sich schwerlich selbst für wert halten können, ein des Lebens würdiger Mensch zu sein. Der ist dazu verurteilt, von dem anderen das zu erwarten und zu fordern, was er nicht hat; der wird entweder rastlos nach anderen Menschen suchen, die durch ihre bloße Existenz ihm das geben sollen, was ihm fehlt, oder er wird depressiv dahinwelken, wenn ihm klar wird, daß er es vom anderen nicht bekommt. Der wird aus diesem Grunde die anderen in dem Maße hassen, in dem er sich selbst geringschätzt. Der Egoist ist nicht egoistisch, weil er den anderen seine Liebe aus Selbstliebe verweigert, sondern weil er überhaupt nicht lieben kann, schon gar nicht sich selbst. Er muß an sich raffen, alles bei sich behalten, weil er allein für sich ein Nichts ist. Allein gelassen, muß der emotional unterversorgte Mensch daher glauben, nicht vollständig, nicht komplett, nicht ganz zu sein.

Die meisten Menschen sind emotional nicht gut versorgt, sie sind im wahrsten Sinne des Wortes gefühlsarm. Es herrscht Gefühlsknappheit in unserer Gesellschaft des materiellen Überflusses, in der man alles kaufen muß und nichts hergeschenkt wird. Menschen, die innerlich zutiefst von ihrer Wertlosigkeit überzeugt sind, können sich selbst daher nicht gut ertragen und vermuten eine tote Leere in ihrem Inneren oder schrecklicher noch: Sie ahnen dunkel etwas von den bitteren Wahrheiten, den Wunden des Ungeliebtseins, der Ursache ihres Nicht-ganz-Seins, deren Schmerzsignale dann ungehindert den Weg in unser Bewußtsein finden, sobald wir allein sind. Die Lösung aus diesem Umstand sucht er nicht darin, sein Selbstwertgefühl zu entwickeln, die alten Schmerzen auszuleiden, um wieder ganz zu werden, was zugegebenermaßen ein mühseliger Weg ist, sondern in der Vermeidung. Um der Begegnung mit sich selbst zu entgehen, muß sich der Mensch daher betäuben. Wenn wir allein sind, laufen Radio oder Fernseher, wir müssen lesen, auf jeden Fall irgend etwas tun, müssen uns ständig beschäftigen, wir brauchen mindestens etwas Gutes zu essen, Alkohol, Zigaretten, Drogen, Ablenkung. Ablenkung wovon? Von uns selbst? Was ist das Selbst? Allein sein in der Stille, nichts tun, nur stillsitzen und einfach nur sein ist eine gute Prüfung, um herauszufinden, ob und welches Ich, welches Selbst wir sind. Kaum einer, der da nicht unruhig und nervös wird, wenn es nichts zu hören gibt außer dem eigenen Herzschlag, wenn es nichts zu sehen gibt, nichts zu tun. Nicht wenige geraten in einer solchen Situation bis an den Rand des Empfindens, verrückt zu werden.

Allein sein zu können, bei sich zu sein ist eine ebenso lebensnotwendige Fähigkeit, wie es die Fähigkeit zur Gemeinschaft mit anderen Menschen ist. Wer das eine nicht kann, wird auch zu dem anderen nicht fähig sein. Der Eigenbrötler, der die Einsamkeit sucht, weil er die Nähe anderer Menschen nicht erträgt, ist in Wahrheit ebenso unfähig, allein mit sich zu sein, wie einer, der sich den beruflichen wie den privaten Terminkalender vollstopft, um sich nur selbst nicht wahrzunehmen. Er versucht auf seine Weise der Wirklichkeit zu entkommen, die heißt: Die anderen können mir nicht das geben, was mir selber fehlt. Darum strafe ich sie damit, daß sie nicht in meinem Leben sein dürfen.

Das Leben des Dichters Thomas Bernhard ist ein trauriges Beispiel dafür, der noch über den Tod hinaus ein ganzes Land mit Ausschluß aus seinem Leben bestrafte. So wie einer in der Mitte von vielen Menschen zutiefst einsam sein kann, heißt es noch lange nicht, daß einer, der sich in die Einsamkeit zurückgezogen hat, bei sich selbst ist. Es ist möglich, sein ganzes Leben lang auf die eine oder andere Weise zu existieren, ohne sich selbst und andere Menschen je erfahren zu haben. Wir finden in unserem Alltag zahllose Möglichkeiten, diese Erfahrung zu vermeiden, während wir gleichzeitig aber das Bild auch vor uns selbst aufrechterhalten, wir seien selbstsicher und dem Leben gewachsen. Wir mögen es – mit einem Seitenblick auf den schnarchenden Säufer im Park – daraus schließen, daß wir Schulen erfolgreich besucht haben, eine Berufsausbildung abgeschlossen und einen Job haben, in ordentlichen Möbeln wohnen und pünktlich unsere Rechnungen zahlen. Dies läßt jedoch nur auf den Grad unserer gesellschaftlichen Anpassung schließen, mehr bedeutet es nicht. Nicht nur der auf der Flucht vor sich selber befindliche Durchschnittsbürger belügt sich auf diese Weise. Auch ein Großteil derer, die auf der Suche nach sich selbst sind. »So mag es sein, daß er es in einer therapeutischen Selbsterfahrungsgruppe mit Umarmungen und körperlichen Berührungen versucht und glaubt, er reiße die Schranken zwischen sich und den anderen ein oder habe ein warmes Gefühlserlebnis – er bekomme ein Gefühl für andere. Aber für einen nichtfühlenden Menschen gibt es keine Möglichkeit, ein Gefühl für andere zu bekommen, wie viele er auch umarmt. Zuerst lernen wir, uns selber zu fühlen, bevor wir uns selber fühlen, indem wir andere fühlen« (Arthur Janov in: Der Urschrei). Allein sein zu können, sich selber zu lieben läßt sich nicht üben. So mag man lernen, Einsamkeit zu ertragen. Aber mit der Fähigkeit zur liebenden Begegnung mit sich selbst hat das soviel zu tun wie ein Mann mit Fruchtbarkeit. Da kann man noch so lange sitzen und meditieren. Erst wenn wir uns von unseren Lebenslügen befreit und den Weg zurück ins Leben gefunden haben, ist Liebe zu uns und unserem Nächsten möglich.

Nur Anfang und Ende des Lebens lassen diese Lebenslüge nicht zu. Wenn wir geboren werden, müssen wir uns durch den dunklen, engen Tunnel zwängen, bis wir in dieser Welt sind, sonst werden wir nicht leben. Im Sterben haben wir sogar noch weniger Wahl, der Wirklichkeit auszuweichen. Wir könnten uns – zumindest theoretisch – dazu entscheiden, den Weg durch den Geburtskanal nicht zu nehmen, und lieber vorher im Mutterleib sterben. Wir können uns aber nicht dafür entscheiden, lieber nicht zu sterben und am Leben zu bleiben. Wenn auch Wirklichkeit erst dann zur Wahrheit wird, wenn sie vom Individuum wahrgenommen wird, so gibt es doch Wirklichkeiten, denen wir ausgesetzt sind, auch wenn wir versuchen, uns vor ihnen zu verschließen. Wieviel ein Mensch auch an Wahrnehmung verweigern mag, um zwei Erkenntnisse kommt er nicht herum: Ich bin und ich sterbe. Ließe er auch die dritte zu, die heißt: Ich werde – er hätte mit den anderen beiden nicht solche Probleme.

Den Ernst des Lebens zitieren wir immer dann, wenn wir uns einer Form der gesellschaftlichen Abrichtung, die gegen das Leben gerichtet ist, zu stellen haben. Dem Leben, dem wirklichen Leben, dem »Ich bin – Ich werde – Ich sterbe« bringen wir diesen Ernst nicht entgegen. Da wären wir gern wieder wie die Kinder, die den ganzen Tag selbstvergessen spielen dürfen, aber den Ernst des Lebens noch nicht kennen, wie wir meinen. Die Kinder aber spielen nicht, sie lernen zu werden. Sie sind nicht das, was wir aus ihnen machen, mögen sie auch uns zuliebe in dem von Erwachsenen geschaffenen süßlichen Kinderghetto in Rosarot und Himmelblau mit Mickey Mouse und Batman verharren. Sie leben mehr in der Wirklichkeit, als wir ihnen zugestehen wollen, wie einst auch wir mehr in ihr gelebt haben, als wir Kinder waren, woran wir uns meist erst erinnern, wenn wir mit dem Leid konfrontiert werden, das uns als Kind zugefügt worden ist. Es wäre uns zu wünschen, daß wir als Erwachsene im Umgang mit der Wirklichkeit in uns, mit dem Tod »den Ernst wiedergefunden haben, den man als Kind beim Spiel hatte« (Friedrich Nietzsche).

Der sich als ein unvollständiges Ich erlebende Mensch, der andere Menschen dazu braucht, sich vollständig zu fühlen, kann dem Tod nur ebenso infantil begegnen wie dem Leben. Dies ist von dem Ernst, mit dem Kinder dem Leben begegnen, durch Welten getrennt. Es führt zu zwei einander widersprechende Sichtweisen. Der Tod des anderen bedeutet nicht nur den Verlust der eigenen Vollständigkeit, es ist der wertvollste Teil, der da verlorengeht. »Ich brauche dich, ich kann ohne dich nicht leben«, gilt unter Liebespaaren als Ausdruck höchster Zuneigung, und keiner erschrickt. Wer nicht mehr von anderen Menschen gebraucht wird, fühlt sich überflüssig und seiner Existenzberechtigung beraubt. Wer den anderen nicht hat, den er braucht, verzehrt sich vor Sehnsucht, sein Leben kommt ihm sinnlos vor. An beidem kann man sterben, und dies sind wohl einige der sinnlosesten Tode von allen sinnlosen Toden, die der Unsterblichkeitswahn hervorbringt. So erscheint es uns ganz normal, daß der andere, die geliebte Erfüllung unseres Lebens, auf keinen Fall sterben darf, daß uns die Vorstellung, nach dem Tod des anderen als halbes Ich verstümmelt weiterleben zu müssen, manchmal grausamer erscheint als der eigene Tod – zumindest, solange das Datum unseres eigenen Ablebens noch nicht bekanntgegeben worden ist. Von dem Augenblick an sieht die Sache ganz anders aus, wie wir gleich sehen werden. Um uns nicht mit dem anderen zu verlieren, wünschen wir ihm eher ein langes Sterben als das plötzliche Verschwinden aus unserem Leben durch einen ebenso plötzlichen Tod. In der aufopfernden Pflege eines todkranken, geliebten Menschen steckt immer auch ein Quentchen dieses Aspekts. Den anderen, den geliebten Menschen nicht gehen zu lassen, selbst um den Preis großen Leids, ist Ausdruck unserer Liebe zu ihm. In Wahrheit ist es nicht einmal Ausdruck von Selbstliebe. Es ist überhaupt keine Liebe. Es ist egoistisch.

Völlig andere Vorstellungen verbinden wir mit dem eigenen Tod. Uns selbst wünschen wir den schnellen, den plötzlichen, den nicht spürbaren Tod. Wenn es denn schon unbedingt sein muß, so wünschen wir uns ein schnelles Ende, eines unter Betäubung, das unser Bewußtsein nicht berührt, ganz so, wie wir auch gelebt haben. So sind die einst bis in das Mittelalter gefürchteten Todesarten – auf einen Schlag tot umzufallen oder unvorbereitet und ohne es zu wissen im Schlaf zu sterben – heute die gewünschten, wenn man Menschen befragt, welche Todesart sie sich aussuchen würden, wenn sie könnten. Fragt man warum, so erhält man stets die Antwort, man fürchte sich vor langem Leiden und schmerzhaftem Siechtum. Dies sei Ursache der Angst, während die Frage nach der Angst vor dem Sterben und dem Tod erstaunlich oft verneint wird. Dies relativiert sich schlagartig, wenn uns das ungefähre Datum unseres eigenen Todes bekannt wird, wenn wir erfahren, daß wir bald sterben werden. Dann entlarvt sich der Wunsch nach dem schnell ereilenden Tod und das angebliche Fehlen der Angst vor dem Sterben als eine ebensolche Selbstlüge wie die Liebe zum anderen, der in Wahrheit nicht sterben darf, weil wir ihn als Hilfs-Ich brauchen.

Wenn es das elende Leiden einer langen Krankheit ist, das wir so fürchten, und nicht der Tod, so muß man sich fragen, warum so viele Menschen lieber Leiden unvorstellbarster Art auf sich nehmen als zu sterben. Alle unheilbaren Krankheiten werden heutzutage vor allem im Hinblick auf die Verlängerung dieses Lebens behandelt und nicht im Hinblick auf die Linderung von Leiden und als Hilfe für einen würdigen Tod. Grausames Beispiel hierfür ist die Chemotherapie bei Krebskranken. Sie dient ausdrücklich der Lebensverlängerung. Sie wird von Ärzten verordnet, obwohl sie wissen, daß sie Nebenwirkungen wie Haarausfall, Übelkeit, Erbrechen, Störung der Harnschleimhäute, also schwere Vergiftungserscheinungen zur Folge hat und die Immunkräfte vollends zerstören kann. Erst als jetzt, nach 15jähriger internationaler Anwendung, bewiesen werden konnte, daß Chemotherapie das Leben bei den meisten Krebsarten nicht verlängert, rücken die ersten Ärzte zaghaft von ihr ab. Professor Dieter Kurt Hossfeld, der sich selbst als einen Mann der ersten Stunde auf dem Gebiet der Chemotherapie in Deutschland bezeichnet, sagt nunmehr: »Die Möglichkeiten der Chemotherapie sind überschätzt worden. Wir haben gelernt, daß auch mit der Chemotherapie das Leben vieler Patienten nicht zu verlängern ist ... (Patienten) werden einer im Einzelfall toxischen, ihre Lebensqualität verschlechternden Therapie ausgesetzt, die womöglich sogar zu einer Lebensverkürzung führt.« Das Leiden der Patienten an der Chemotherapie hatte nie zum Nachdenken über diese Behandlungsmethode geführt. Erst mußte feststehen, daß damit keine Lebensverlängerung erreicht werden kann, daß sie zur unbrauchbaren Therapie wurde. So wird die Wissenschaft nun ganz sicher nach einem neuen Lebensverlängerer suchen. Das nimmt nicht weiter wunder, wenn man weiß, daß unsere heutige Medizin ein legitimes Kind des Unsterblichkeitswahns ist. Interessant ist hier vielmehr, daß ein Mensch, der sich zuvor noch den schnellen, den betäubten, den nicht wahrnehmbaren Tod, der einen ereilt, ohne daß man ihn bemerkt, gewünscht hat, in dem Moment, in dem er weiß, daß er größte Aussichten hat, bald zu sterben, auch noch die brutalsten körperlichen Qualen und Verstümmelungen bereitwillig auf sich nimmt, wenn er nur in der Hoffnung verharren darf, daß damit sein Leben verlängert wird, wenn er nur nicht sterben muß. Dies beweist, daß es die Wirklichkeit des Todes ist, die wir mehr als jedes noch so schreckliche Leiden fürchten.

Was ist es, das den eigenen Tod so fürchterlich macht? Warum ist es erst der eigene Tod, der alles verändert, mehr als es der Tod des anderen je kann? Der Augenblick, in dem ich erfahre, daß ich sterben muß, ist der Moment, der mir die Wahrheit unbarmherzig wie einen Spiegel vorhält; die Wahrheit, daß ich allein bin – in einen Körper eingesperrtes Bewußtsein, allein im weiten Universum. Sie springt ins Auge, dröhnt in den Ohren, dringt kalt in die Haut ein, drückt mit tonnenschwerer Last. Es ist der Augenblick, der zeigt, daß alles kein Spiel war. Es war die ganze Zeit da, jetzt ist es soweit. Es ist die Wirklichkeit, die sich erbarmungslos Raum schafft in unserer unwirklichen Ersatzwelt. Es ist dieser Augenblick, der uns in die Fassungslosigkeit stürzt, der wir unser ganzes Leben lang bedurft hätten. Der unter dem Unsterblichkeitswahn leidende Mensch, der sein Leben lang alles dazu getan hat, daß er sich selbst nicht zur Kenntnis nehmen mußte, der im Umgang mit sich selbst Ungeübte erfährt nun unter der Wucht der Wirklichkeit, daß er mehr als allein ist, daß er sich schon vor länger Zeit in die schrecklichste Einsamkeit manövriert hat, die sich denken läßt. Es ist die Einsamkeit dessen, der sich selbst verlassen hat. »Warum ich?« ist die klagende

Frage, mit der er reagiert. Vor dieser Torheit schützt selbst hohes Alter nicht. Der Tod antwortet mit einer Gegenfrage: Du etwa nicht?

Und dabei ist er keineswegs der Gleichmacher, als den wir ihn immer dann darstellen, wenn wir in unserem Neid auf andere, die es besser haben, des Trostes bedürfen. Der Tod ereilt den einen früher, den anderen später. Wir können untereinander wohl Rechte aushandeln, die alle gleichstellen. Gegenüber dem Tod haben wir dieses Recht nicht. Dies verleugnend bittet jeder dennoch: Noch nicht, noch nicht.

Das ewige »noch nicht« aus dem Herzen eines Menschen, der nie wirklich gelebt hat, der bis dahin als Surrogat existiert hat, ist verständlich, aber angesichts der massiven Auswirkungen, die die Hunderte Millionen »noch nicht« auf unserer Welt, auf das Leben anderer haben, ist es nicht länger mehr verzeihlich. Es ist wahr: Es ist nicht leicht, das Feuerwerk des Lebens zu ertragen, das einen Augenblick lang mit Tausenden von Farben und Lichtern die Luft erfüllt und gleich darauf erlischt, wie Kazantzakis in »Rechenschaft vor El Greco« schreibt.

Es darf empören, daß wir, die wir heute leben, eine Welt vorgefunden haben, in der es manchmal auch beim besten Willen schwer möglich ist, das Leben überhaupt als Feuerwerk mit Tausenden von Farben und Lichtern wahrzunehmen. So ist es nun einmal, es läßt sich nicht ändern. Ändern läßt sich dagegen, was wir daraus machen. »Ich muß lernen, das zu wollen, was ich bin – dann erlange ich wahre Freiheit, doch werde ich immer Sklave dessen bleiben, was ich noch nicht angenommen habe ... Das ist unsere Berufung und unsere Würde« (Henri Boulad in: Ordne deine Tage in Freiheit).

Soll uns doch die große Wut überkommen darüber, daß wir allein sind, sosehr wir auch versuchen, dies zu überwinden. Soll uns doch der Zorn darüber schütteln, daß wir uns plötzlich plärrend und strampelnd in Materie eingefangen wiederfinden, daß wir dann zu leben, zu wachsen, zu werden haben, so absurd uns das auch vorkommen mag. Stellen wir doch diese Wut in den Dienst der Verantwortung, einer »Göttin, welche niemandem gefällig ist und auf niemandes Knien sitzt« (Nikos Kazantzakis). Stellen wir unseren lebendigen Zorn in den Dienst gegen alles und alle, die das Leben, dieses schwierige, traurige, wundervolle, einzigartige Leben, verhindern wollen. »Alle werden wir sterben. Warum sich nicht ein bißchen Mühe geben?« (Leo Tolstoi). Wenn wir schon einmal da sind, dann sollten wir den Mut haben, voll erfahren zu wollen, was es heißt, dazusein, ohne dabei auf andere zu schielen, die es angeblich leichter haben. Wer seine Hände nicht zum Greifen gebraucht, damit sie nicht schmutzig werden, der hat nutzlose Hände. Was hat dann der, der ein Bewußtsein hat und es vor der Wirklichkeit verschließt?

11. KAPITEL

Tod verursacht Leben

Rechnet man die etwa 4 Milliarden Jahre Evolution auf der Erde wie ein Jahr, so erscheint der Mensch erst in der Abenddämmerung des 31. Dezember. Erkrankt an der Todesverachtung ist er erst wenige Minuten vor Mitternacht. Und die Uhr tickt. Jetzt geht es um Minuten, bald sogar nur um Sekunden. Es ist die Frage, ob Zeit genug für eine Heilung bleibt; ja es ist vielleicht sogar die Frage, ob dies überhaupt sinnvoll ist. Da kommt es ganz auf den Standpunkt an. Die Erde, dieser wunderschöne Planet, dieser erstaunliche Organismus Erde braucht uns nicht. Wenn es ihr gelingt, sich unser zu erwehren, bevor wir sie atomisieren (was wir mühelos könnten, denn zur Zeit verfügt die Menschheit über so viele Atomwaffen, daß eine vollkommene Vernichtung unseres Planeten zu Staub im Weltall achtmal möglich wäre) oder bevor wir alles Leben durch unseren Dreck und unser Gift vollends umbringen, dann nimmt der Mensch im Museum der Evolutionsgeschichte seinen Platz neben den Sauriern ein, und das war's. In diesem Falle erwiese sich der Tod als Freund allen Lebens, indem er das Leben vor dem Angriff des Menschen schützt.

Wenn wir aber weiterhin zum Leben gehören wollen, wenn wir uns nicht selbst aus der Schöpfung hinauskatapultieren möchten, dann ist es an der Zeit, uns in aller Bescheidenheit unseres Freundes, des Todes, zu entsinnen und ihn um Verzeihung zu bitten. Abwenden können wir die Katastrophe nur, wenn wir uns kompromißlos vom künstlichen Tode abwenden und wenn wir uns eingestehen, daß wir alle Mittäter sind. Wir haben alle an diesem planetaren Totenhaus mitgebaut. Dann ist es an der Zeit, uns vom Unsterblichkeitswahn zu befreien und in die Wirklichkeit zurückzufinden. Dann müssen wir dem Tod, diesem Freund des Lebens, den Platz zurückgeben, der ihm gebührt. Wir müssen ihn nicht be-siegen, wir brauchen uns nur mit ihm zu be-freunden. Es ist in diesem Buch schon mehrfach darauf hingewiesen worden, daß wir das Feindbild Tod nur in uns selber auflösen können. Dies ist keine politische Aufgabe in dem Sinne, daß sie durch gesellschaftliche Beschlüsse erreicht werden kann. Es ist aber in einem anderen Sinne ein hochpolitischer Akt, weil Veränderungen im Inneren, also im Bewußtsein, die Veränderung im Äußeren ganz selbstverständlich nach sich ziehen. Umgekehrt funktioniert das nicht. Auch hier irrte Karl Marx. Nicht das Sein bestimmt das Bewußtsein, sondern das Bewußtsein das Sein. Obwohl keine Zeit mehr zu verlieren ist, muß alle Hoffnung auf diesen mühseligen Weg gesetzt werden, der heißt: Jeder einzelne muß ihn gehen. Keiner kann die Notwendigkeit der Arbeit an sich selber ignorieren noch sich über andere erheben, indem er sich selbst von Schuld freispricht, oder glauben, dieser Schritt ließe sich wegen des Zeitdrucks überspringen, um lieber woanders, im größeren gesellschaftlichen Rahmen anzusetzen, wovon sich mehr Effektivität versprochen wird. Das wäre nur eine weitere Variation des alten Wegs der Lüge. Angesichts der globalen Probleme, von denen wir glauben, sie kämen auf uns zu, während wir schon mittendrin stecken, mag dies wie ein aussichtsloses Unterfangen aussehen. Die Chance, die darin besteht, und möglicherweise ist es die einzige, die uns noch bleibt, ist das »Phänomen des hundertsten Affen«. Dieses oft beschriebene, aber vom Bewußtsein der Menschheit kaum wahrgenommene, geschweige denn angewandte Phänomen wurde von Lyall Watson in »Der unbewußte Mensch« beschrieben. Er erzählt von einer Begebenheit, die auf der japanischen Insel Koshima beobachtet wurde. Dort begann eine junge japanische Äffin eines Tages, Süßkartoffeln, von denen sich dort die Affen ernähren, zu waschen und so von Sand und Kies zu befreien. Dies Verhalten übertrug sich nicht nur auf die Artgenossen in ihrer unmittelbaren Umgebung, sondern tauchte plötzlich auch bei den Affen auf den benachbarten Inseln auf, obwohl es zwischen den Affen auf den verschiedenen Inseln keine Kontaktmöglichkeit gab. Es bedurfte lediglich einer gewissen und keineswegs mehrheitlichen Anzahl Affen, um ein neues Verhalten ganz und gar zu verbreiten. Das wird in der Soziologie eine kritische Masse genannt, nicht verwandt und nicht verschwägert mit der Wirkung der kritischen Masse der Atomphysik. Das Vertrauen in die Wirksamkeit dieses Phänomens läßt sich schwer finden, wenn wir uns durch den Druck der Zeit in Panik bringen lassen oder unser Geschichtsbewußtsein angesichts der ärgsten Menschheitsgeißel namens Dummheit resigniert aufgeben.

Es gibt einige Beispiele aus der jüngeren Geschichte des europäischen Homo sapiens, die die Wirksamkeit dieses Phänomens beweisen, die uns aber durch die Selbstverständlichkeit der Ergebnisse nicht mehr bewußt sind aber durch die Ignoranz der mit gesundem Menschverstand Geschlagenen gar nicht erst bewußt werden. Die Studentenrevolte der Jahre nach 1968 wird von ihren einstigen Trägern – und vor allem von diesen – für gescheitert angesehen. Vergessen hat man wohl, wie es vorher in Mitteleuropa ausgesehen hat. Vor 1968 konnte ein unverheiratetes Paar beispielsweise nicht einmal ein gemeinsames Hotelzimmer beziehen. Und nicht nur auf dem sexuellen Bereich ist seitdem Schluß mit der Lüge. Eine ledige Mutter mit ihrem Bankert ist mittlerweile eine alleinerziehende Frau. Eine geschiedene Frau ist einfach nur eine geschiedene Frau und nicht mehr entweder ein Flittchen, das seinen guten Gatten nicht zu schätzen wußte, oder die arme, sich für den Mann vergeblich aufgeopfert Habende, die sich in die gesellschaftliche Abstellkammer zu scheren hat. Kindergärtnerinnen werden heute auf pädagogische Methoden geschult, die einst in von »antiautoritären«, langhaarigen Hippie- und Revoluzzer-Eltern gegründeten privaten Kindergärten praktiziert wurden, damals noch begleitet vom Aufheulen einer vermufften Gesellschaft, die das Leben noch mit Benimmbüchern à la »Gutes Benehmen – Dein Erfolg« zu meistern glaubte, während die Kleinen in den Kindergärten in Gruppen von 30 und mehr Kindern mit militärischem Drill unter Kontrolle gehalten, verwahrt und abgerichtet wurden.

Oder: Noch 1975 gab es bei der die deutsche Presselandschaft dominierenden Deutschen Presse-Agentur eine Index-Liste mit Ereignissen, die von den dort angestellten Journalisten nicht zur Kenntnis genommen zu werden hatten, über die nicht berichtet werden durfte. Dazu gehörten beispielsweise – man faßt es nicht – Demonstrationen. Heute kann man darüber nur noch lächeln.

Oder: Der Begriff Ökologie war uns 1960 noch so fremd wie einem Känguruh ein Klappstuhl. Noch 1980 war Ökologie das vielbelächelte Anliegen einiger verträumter Romantiker, die nach landläufiger Meinung dem harten Leben nicht gewachsen und zu ängstlich waren, auf den Karriere-Zug zu springen. Heute hat jede Partei das Gummiwort mit »Ö« im Parteiprogramm. Wer damals prophezeit hätte, daß eines Tages die mächtigen Waschmittelkonzerne unter dem Druck von Müttern, die wohl weiße Wäsche, aber nicht mehr um den Preis vergiftete Fische in den Flüssen haben wollen, dazu übergehen würden, nur noch phosphatfreie Waschmittel zu verkaufen (was läppisch genug ist), der wäre als armer Irrer betrachtet worden. Es gilt also, nicht den Mut zu verlieren und sich nicht irremachen zu lassen und zu lernen, lernen, lernen und dann zu tun, tun, tun.

Wir können viel von und über den Tod lernen, und gute Lehrer finden sich in großer Zahl in allen tödlich erkrankten Menschen. Sie, die sich nicht mehr belügen können, unsterblich zu sein, wissen, worauf es ankommt. Wer weiß, daß ihm nur noch wenig Zeit verbleibt, wer durch die Phasen der Angst und der Depression, die darauf folgen müssen, wenn der Unsterblichkeitswahn sich im Angesicht des Todes verflüchtigt, hindurchgegangen ist, findet plötzlich das richtige Maß in seinem Leben. Er kann auf einmal das Wichtige vom Unwichtigen unterscheiden, und er handelt danach. Er bringt seine Dinge ohne Umwege in Ordnung, ohne länger mehr zu zögern. Er hat in die Wirklichkeit zurückgefunden.

»Wieviel an dunkler Nacht doch die Sterbenden haben« (Ovid). Was können wir Kinder der Materie und des Materialismus von der Nacht der Sterbenden lernen? Die Nacht ist, wenn wir sie nicht zum Tage machen, weil wir im »noch nicht« gefangen sind, die Zeit der klaren Wahrheit. Es ist still und ruhig, die Dunkelheit verhindert, daß unsere Augen von der Vielfalt der Dinge abgelenkt werden, es gibt nichts zu tun, als zu sein. Die ganze Welt dreht sich langsamer, was alles, was ist, deutlicher wahrnehmbar macht. Jetzt hat der Mensch entweder keinen Schatten mehr oder er wirft ganz fremde, bizarre, wilde Schatten im Licht des Mondes, wenn die tagsüber gebändigten Nachtkräfte frei werden. Es ist die Nacht mit den Kräften des Mondes und nicht der Tag, die zeigt, daß alles ganz anders ist, als wir gelernt haben, fern vom linearen Alpha-Denken, in dem die Ursache mit der Wirkung verwechselt wird. Die Nacht gehört dem Beta-Denken, das auf »komplexere, offenere und weniger festgelegter Aspekte der Realität abgestimmt (ist). Der Beta-Stil ist auf Veränderungen eingestellt, während der Alpha-Stil kurzfristig orientiert ist, Veränderungen als chaotisch und zersetzend wahrnimmt und sich auf die Ordnung verläßt, um sie unter Kontrolle zu bekommen« (Betty Friedan in: Der zweite Schritt). In der Nacht zeigt sich: »Das, was nachher kommt, verursacht das, was vorher kam« (Umberto Eco in: Das Foucaultsche Pendel). Der Tod verursacht das Leben.

Einem jeden Lebewesen ist in seinem Wesen der Stufengang seiner Entwicklung vorgezeichnet. Wir kommen im Gegensatz zu den meisten anderen Tieren bekanntermaßen ein Jahr zu früh auf die Welt, weil ein Teil der zum menschlichen Überleben notwendigen Fähigkeiten aufgrund ihrer Kompliziertheit sozial erlernt werden muß. Wir sind nicht zu Ende Geborene. In unserer Vorstellung gibt es Wachstum und Entwicklung allerdings nur in den Jahren, bis wir erwachsen werden, dann sind wir ein fertiger Mensch, der beginnt, sein Leben eigenständig zu meistern, einem Werk zu dienen und sich als Mitglied seiner Gemeinschaft zu bewähren. Dort angelangt, gilt unser ganzes Bestreben, diesen Status zu erhalten oder höchstens einen noch höheren Status zu erreichen, den es dann unter Einsatz aller Lebensenergie zu halten gilt. Jede Veränderung muß so zu einer Bedrohung unseres Status werden und bringt die Gefahr des Verlustes, des Niedergangs mit sich. Also machen wir uns ein statisches Bild vom Leben und sind außerstande, es als einen Weg, eine Entwicklung anzusehen. Das wäre, als würde man bei einer Blume die vollentfaltete Blüte als das Wichtigste ansehen. Die Blüte aber ist nur die Vollendung einer Stufe in der Entwicklung der Pflanze. Sie läßt ihre nach außen leuchtenden Blütenblätter fallen, und dann wächst erst die eigentliche Frucht ihres Reifens von innen heran.

Die Krankheit der Todesverachtung, der Unsterblichkeitswahn ist die Unfähigkeit zur Reife, die tatsächliche Krankheit unserer Zivilisation, ein Krebs der Seele. Zur Entwicklung, zur Reife gehört immer das Loslassen des Gewordenen und das Eintauchen in die nächste Verwandlung. Wir aber atmen gern bequem. Die Augenblicke der Leichtigkeit sollen für immer bleiben, als ob sie für sich allein genommen auch nur irgend etwas Angenehmes oder Wohltuendes an sich hätten.

Vitale Impotenz läßt sich behandeln, indem wir den Tod wieder in unser Erleben zurückholen. Der wichtigste Schritt dorthin besteht darin, die Berührungsangst vor dem Tod zu verlieren. Wer Tod und Sterben nur aus dem Fernsehen kennt, muß zwangsläufig zu der Ansicht kommen, daß er unecht, eine Spielerei, spektakulär und stets mit Gewalt verbunden ist. Jeder, der einen anderen Menschen in dessen Tod begleitet hat, weiß, daß es ganz anders ist, anders auch, als unser Sprachgebrauch uns suggeriert. Wer stirbt, gibt nicht seinen Geist auf. Es ist der Körper, der aufgegeben wird. Die Achtung vor dem Leben gebietet einen respektvollen Umgang mit toten Körpern. Aber auf den Friedhöfen liegen nicht Gasslhuber, Sobotka und Koslowsky. Dort liegen, ob als Asche oder Gebeine, nur die abgelegten Hüllen. Aus den Raupen sind Schmetterlinge geworden.

Hinter der Forderung, den Unsterblichkeitswahn zu heilen, steckt mehr als die Notwendigkeit, sich in das Leben zurückzubegeben. Es bedeutet auch, sich in das Leben vorwärtszubegeben.

Das einzelne Leben ist nicht nur ein einziger Übergang von einer Entwicklungsstufe in die nächste. Wir unterliegen diesem Gesetz auch als Gattung. Der Mensch ist nur ein Übergangsmodell. Für die nächste Entwicklungsstufe ist er bereits bestens ausgerüstet. Die Natur mag zwar verschwenderisch in ihrer Fülle scheinen, aber sie verschwendet nichts. Es steht dem Menschen ein Organ zur Verfügung, das er bisher nur zu ganzen zehn Prozent nutzt: das Gehirn. Welchen Sinn können die restlichen 90 Prozent haben? Das Hirn ist mehr als ein Computer, es ist die Schaltstelle für Bewußtsein. Hierin liegt unsere Chance, kein Auslaufmodell zu werden, und unsere zukünftige Bestimmung. Die Zeit des Homo Masculinus, der seine psychischen Probleme durch Manipulationen an der Außenwelt zu lösen versuchte, ist vorbei.

»Es leuchtet wohl ein, daß Menschen, die nicht in der Lage gewesen sind, ihre eigenen intrapsychischen Probleme zu lösen und zu Frieden und Harmonie in ihrem Inneren zu gelangen, nicht am besten darüber urteilen können, was falsch in der Welt ist und mit welchen Mitteln man dies ändern sollte. Die Basis für eine echte Lösung wäre die Erschließung der Gefühle und

Empfindungen« (Stanislav Grof in: Geburt, Tod und Transzendenz).

Gehen wir nicht leichtfertig mit der Zeit um, die uns gegeben ist. Es sind nur 4000 Wochen, und dann gehen wir schon auf die Achtzig zu.

LITERATUR

PHILIPPE ARIÈS, Geschichte des Todes im Abendland, München 1982.

HENRI BOULAD, Ordne deine Tage in Freiheit, Wien 1987.

ROBERT BUCKMAN, Was wir für Sterbende tun können, Stuttgart 1990.

JOSEPH CAMPBELL, The Power Of Myth, New York 1988.

JORGOS CANACAKIS, Krebs – Die Angst hat nicht das letzte Wort, Stuttgart 1989.

DERS., Ich begleite dich durch deine Trauer, Stuttgart 1990.

ALEX COMFORT, Der aufgeklärte Eros, Reinbek 1968.

UMBERTO ECO, Das Foucaultsche Pendel, München 1989.

EPIKUR, Anleitung zur ungetrübten Lebensführung, Leipzig 1921.

NANCY FRIDAY, Wie meine Mutter, Frankfurt 1982.

BETTY FRIEDAN, Der zweite Schritt, Reinbek 1982.

ERICH FROMM, Die Furcht vor der Freiheit, Stuttgart 1983.

DERS., Haben oder Sein, Stuttgart 1976.

STANISLAV GROF, Geburt, Tod und Transzendenz, München 1985.

HERMANN HESSE, Der Steppenwolf, Gütersloh 1972.

WALTER HORNSTEIN, Jugend in ihrer Zeit, Hamburg 1966.

IRMGARD HÜLSEMANN, Ihm zuliebe? Stuttgart 1988.

DIES./WILFRIED WIECK, Die geheimen Verbote, Stuttgart 1989.

ALDOUS HUXLEY, Literatur und Wissenschaft, Frankfurt 1976.

ARTHUR JANOV, Der Urschrei, Frankfurt 1977.

RUDOLF KAUTZKY (HRSG.), Sterben im Krankenhaus, Wien 1988.

NIKOS KAZANTZAKIS, Rechenschaft vor El Greco, Reinbek 1983.

ARTHUR KOESTLER, Die Wurzeln des Zufalls, Frankfurt 1977.

ALFRED KORZYBSIK, Science and Sanity, London 1933.

ELISABETH KÜBLER-ROSS, Reif werden zum Tode, Stuttgart 1989.

RONALD D. LAING, Das Selbst und die Anderen, München 1989.

ROBERT JAY LIFTON, The Nazi Doctors, New York 1988.

FRIEDRICH NIETZSCHE, Jenseits von Gut und Böse, Stuttgart 1953.

DERS., Also sprach Zarathustra, Stuttgart 1960.

DERS., Morgenröte, Stuttgart 1956.

WILHELM REICH, Charakteranalyse, Frankfurt 1975.

RUPERT RIEDL, Die Strategie der Genesis, Wien 1989.

WERNER RIPPER, Weltgeschichte im Aufriß, Bd. 1–3, Frankfurt 1976.

Gerhard Sczesny, Das sogenannte Gute, Reinbek 1971.

Seneca, Tod und Todesfurcht, Leipzig 1921.

Heinz Dieter Schmid, Fragen an die Geschichte, Bd. 1–4, Frankfurt 1976.

Rainer Taeni, Das Angst-Tabu und seine Befreiung, Reinbek 1981.

R.H. Tenbrock (Hrsg.), Zeiten und Menschen, Paderborn 1970.

Jutta Voss, Das Schwarzmond-Tabu, Stuttgart 1988.

Andreas Wisemann, Ärzte-Ängste, Wien 1990.